LA MORT
DES
ROIS DE FRANCE
DEPUIS FRANÇOIS Ier

ÉTUDES MÉDICALES ET HISTORIQUES

PAR

LE Dr A. CORLIEU

PARIS
HONORÉ CHAMPION, LIBRAIRE
9, QUAI VOLTAIRE, 9
—
1892

LA MORT

DES ROIS DE FRANCE

TOUS DROITS RÉSERVÉS

DU MÊME AUTEUR

L'Acienne Faculté de Médecine de Paris, par le Dr A. CORLIEU; Paris, 1877, in-8.

LE MANS. — TYPOGRAPHIE ED. MONNOYER

LA MORT

DES

ROIS DE FRANCE

DEPUIS FRANÇOIS Ier

ÉTUDES MÉDICALES ET HISTORIQUES

PAR

LE Dr A. CORLIEU

PARIS
HONORÉ CHAMPION, LIBRAIRE
9, QUAI VOLTAIRE, 9
—
1892

L'histoire est la grande École de l'humanité : malheureusement la fable et la légende ont envahi son domaine.

Dans l'histoire, l'enfant ne cherche que des récits anecdotiques qui frappent son imagination.

Le guerrier n'y voit que le fait brutal et matériel, — les batailles, les victoires, les conquêtes, — qui sont l'alcoolisme des nations.

Le diplomate, le législateur y étudient les causes et les effets des événements grands ou petits : connaissant les unes, ils cherchent à amener ou à prévenir les autres ; ils font, pour ainsi dire, de l'hygiène, de la thérapeutique gouvernementale.

Le médecin y trouve aussi sa part.

Et comme deux Écoles historiques sont aux prises, — l'École légendaire et l'École scientifique, — il peut aussi mettre au profit de la seconde ce que lui ont appris ses connaissances spéciales.

Ce n'est donc qu'au point de vue exclusivement médical et scientifique que j'ai étudié cette partie de l'histoire de notre pays. J'ai interrogé les faits, j'ai cherché à dissiper quelques erreurs, à éclaircir quelques points obscurs.

Pour le médecin, ces études constituent quelques pages d'histoire rétrospective qui lui rappelent l'état de la science à cette époque :

A un point de vue plus élevé, les événements parlent assez haut par eux-mêmes et ils sont un grand enseignement pour l'historien, comme pour le politique et le philosophe.

A. Corlieu.

LES VALOIS

FRANÇOIS Ier

1494-1547

Il y a pour le médecin un côté de l'histoire plein d'intérêt. Quand on voit de notables personnages disparaître presque subitement, on se prend à réfléchir et on se demande la raison de morts si rapides. Le crime et la maladie sont de grands agents politiques qui viennent quelquefois briser des combinaisons bien établies, et l'historien, quoique guidé par les mémoires contemporains, peut bien errer avec une époque où la toxicologie n'était pas née, où l'anatomie pathologique était inconnue.

Sans fouiller l'histoire ancienne et chercher si Alexandre, Germanicus, Britannicus et tant d'autres sont morts par le poison, le médecin trouve dans l'histoire de notre pays, depuis les trois derniers siècles, des morts qui lui donnent à méditer. Il se demande s'il faut voir dans ces trépas prématurés ou rapides un signe de la vengeance céleste, comme on le pensait pour Philippe le Bel et ses successeurs (1), ou bien si le poison ou l'hérédité morbide n'a pas hâté l'œuvre de la mort. Ce serait un sujet bien vaste et bien intéressant à ce point de vue que l'étude des empoisonnements historiques depuis les temps modernes et que nous signalons aux toxicologues.

Il y a trois cent-quarante-cinq ans que

---

(1) Philippe le Bel, mort en 1314 à 46 ans ; Louis le Hutin, mort en 1316 à 27 ans; Philippe V le Long, mort en 1322 à 28 ans ; Charles IV le Bel, mort en 1328 à 34 ans.

François Ier est mort, et la légende, qui dénature tant de choses, a fait de lui une victime de la syphilis.

Il nous a paru assez curieux de rechercher ce qu'il y a de fondé dans cette histoire et d'étudier pathologiquement cette mort si diversement jugée.

François, fils de Charles, comte d'Angoulême, et de Louise de Savoie, est né à Cognac le 12 septembre 1494. C'était un garçon fort, robuste, qui avait toujours joui d'une bonne santé. Sa mère, Louise de Savoie, a tenu un journal (1) des principaux faits dont elle a été le témoin ou qui l'ont intéressée depuis 1508 jusqu'en 1521, et nous lisons dans ce journal que, le 6 août 1508, François fut blessé au front par une pierre, et que, en 1511, il eut une fièvre tierce qui lui dura du 22 juin à la fin de juillet.

(1) *Journal de Louise de Savoie*, Collection Michaud et Poujoulat, t. V, p. 89 et suiv.

Il se maria le 18 mai 1514 à Claude de France, fille de Louis XII, et Brantôme assure que la syphilis s'est assise avec le roi sur le trône de France, assertion qu'il n'appuie sur aucun fait. Il dit même que si la reine Anne de Bretagne eût vécu, elle n'aurait jamais consenti à ce mariage, car elle prévoyait le mauvais traitement que Claude recevrait de son époux, « d'autant que le Roy son mary lui donna la vérolle qui luy avança ses jours (1). »

Un écrivain attribue aussi à Louise de Savoie cette note à la date du 4 septembre 1514, que « Françoys avoit mal en la part de secrette nature. » C'est là une assertion fausse; cette note n'existe en aucun lieu dans le *Journal de Louise de Savoie,* que nous avons lu entièrement et qui ne contient absolument rien de semblable.

(1) Brantôme. *Les Dames illustres.* Disc. VI, Madame Claude de France.

Un fait sur lequel tous les historiens sont d'accord, c'est la vie licencieuse de François, avant comme après son mariage.

Louise de Savoie nous apprend que le 29 novembre 1514, François fut blessé au doigt dans un tournoi, blessure très légère.

Le 1er janvier 1515, François Ier monta sur le trône, et sept mois et demi après, c'est-à-dire quinze mois après son mariage, Claude de France accoucha d'une fille, Louise de France, née à Amboise le 19 août 1515. Cette fille vécut deux ans et est morte à Amboise le 21 septembre 1517.

Le 23 octobre 1516 est née Charlotte, qui mourut à Blois le 8 septembre 1524 à l'âge de 8 ans.

Le 28 février 1518 est né François, dauphin, mort en 1536 à l'âge de 18 ans.

Le 31 mars 1519 est né Henri, qui fut roi de France, et mourut accidentellement dans un tournoi, le 10 juillet 1559, à l'âge de 41 ans.

Le 10 août 1520 est née à Saint-Germain, Madeleine qui épousa le roi d'Écosse et mourut à Édimbourg le 2 juillet 1537, d'une « fièvre éthique » à l'âge de 17 ans.

Le 22 juillet 1522 est né à Saint-Germain, Charles, duc d'Orléans, qui mourut d'une pneumonie en 1545, à l'âge de 29 ans.

Enfin, le 5 juin 1523 est née Marguerite, qui épousa en 1559 Emmanuel Philibert duc de Savoie et est morte à Turin le 14 septembre 1574, à l'âge de 51 ans.

Nous avons donné, avec intention, l'énumération de toute la progéniture de François Ier et de Claude de France, et il faut avouer qu'il est bien difficile de supposer avec Brantôme que la vérole se soit assise avec François Ier sur le trône de France, sans que la reine fît aucune fausse couche pendant les dix années qu'elle cohabita avec le roi. Elle est morte à Blois le 25 juillet 1524, à l'âge de 25 ans, d'une affection tuberculeuse. Elle était de petite taille, un peu boiteuse comme sa mère, et il est assez probable que ses nombreuses grossesses ont pu hâter sa mort.

Jusque-là nous ne trouvons aucune trace de syphilis ni chez le roi, ni chez la reine; nous pouvons même ajouter chez les enfants.

Nous n'avons aucun détail sur la maladie qui enleva les deux premiers enfants issus de ce mariage, et il n'est pas admissible qu'une syphilis héréditaire laisse vivre aussi longtemps (deux ans et huit ans) deux enfants infectés.

Le dauphin François est mort accidentellement d'une pneumonie contractée à la suite d'ingestion d'eau fraîche, après une partie de paume à Lyon, au mois d'août 1536. On avait fait courir le bruit qu'il avait été empoisonné par son écuyer Sébastien Montecuccoli, à l'instigation de Charles-Quint. Mis à la torture, Montecuccoli avoua tout ce qu'on voulut : il fut condamné à mort, écartelé, et l'autopsie du dauphin, faite le 11 août par Noël Giraudeau, Loys Buysson, François Myron, Jehan Le Moyte et Jehan Champier démontra que le prince avait succombé à une pneumonie aiguë.

Nous ne dirons rien de la mort tragique du roi Henri II.

Quant à Charles, duc d'Orléans, des historiens mal renseignés ont écrit qu'il était mort de la peste à la Forestmontiers, près d'Abbeville. C'est encore une erreur historique qu'il est facile de réfuter avec des documents authentiques.

Charles d'Orléans était blond, élégant, bien fait, selon Brantôme; c'était l'image de son père : il était prompt et bouillant comme lui.

Au mois d'août 1545, il était près d'Abbeville,

à Forestmontiers, avec son frère Henri, alors dauphin. Laissons la parole à un témoin oculaire, De Saint-Mauris, ambassadeur d'Espagne.

« Peu auparavant que le mal le print, ils se esbatirent assez longuement, Monsieur le Daulphin et Luy, allans, passans et retournans aux chambres d'aulcungs gentilhommes du Roy ; et comme il se dict, ledict sieur d'Orléans, faisant telz esjouyssemens, s'eschauffa grandement et beut quasi en mesme instant deux grandz trectz d'eau pure, ce que l'on dit onques il n'avoit faict. Laquelle eaue beue, tost aprez il sentit quelque froideur. Et depuis s'en ensuyvit la fiebvre, que luy fust si vehemente et rude, qui conçut opinion que il eust la peste ; en quoy il s'arrestoit d'autant plus parce qui sentoit soubz le bras une tumeur, qui lui faisoit douleur extreme, de manière qui commencea à dire qu'il estoit mort, declairant quil avoit la peste.... en quoy la plupart des médecins inclinoient assez, allegans que tous presaiges de peste apparoissoient audict sieur d'Orléans, car il avoit souffert vomissemens, tremblement aux jambes et si ne desiroit sinon de dormir. Et pour remedier audict mal ainsi apparent, lesdictz medecins donnarent pour conseil que l'on ne laissa aulcunement dormir, jugeans que aultrement et indubitablement il en mourroit.... La fiebvre cependant s'accreut, laquelle causa aultre inconvenient audict sieur d'Orléans, quest quelle empeschoit de alainner (prendre haleine), par où lesdicts medecins le jugeant d'autant plus malade, considerans que si n'expulsoit avec toux son apostume que indubitablement il mourroit.

« Et ainsy advint-il le septiesme jour de son dict mal, que fut environ les trois heures après le midy.... (1). »

(1) Lettre de Saint-Mauris, ambassadeur à Charles-Quint, datée d'Amiens, le 15 septembre 1545. Archives

Nous nous sommes appesanti sur la mort de ce prince, afin de prouver qu'il a succombé non à la peste, mais à une affection des organes respiratoires, à une pneumonie, et que la syphilis a été complètement étrangère à sa mort.

Quant à Marguerite, qui épousa le duc de Savoie, elle est morte à l'âge de 51 ans, et nous ignorons la cause de sa mort.

Tous ces princes et princesses, issus du mariage de François Ier avec Claude de France, sont morts jeunes, il est vrai, mais sans que la syphilis puisse être vraiment incriminée.

Nous nous croyons donc autorisé à dire que jusqu'en 1523, époque de la naissance du dernier rejeton royal, François Ier n'avait pas encore contracté la syphilis.

C'est le 24 février 1525, qu'il perdit la ba-

---

nationales K. 1485, n° 103. Voir aussi : De Ruble, *Mariage de Jeanne d'Albret*, 1 vol. in-8, 1877.

taille de Pavie et fut emmené prisonnier à Madrid.

Si nous consultons aux Archives nationales les Archives dites de Simancas, nous aurons des détails sur la maladie de François Ier en Espagne. Il fut affecté d'une mélancolie profonde, réelle ou simulée, pendant l'année de sa détention (24 février 1525-7 mars 1526) et sa sœur Marguerite se rendit près de lui. Cette maladie a été exagérée avec intention par Louis de Bourges ou *Burgensis,* son médecin, qui l'avait accompagné dans sa captivité. Le médecin Jean de Nismes avait également accompagné le roi. Soit par gracieuseté, soit par méfiance, Charles-Quint avait envoyé deux de ses médecins auprès de son royal prisonnier (1). François Ier fut en outre affecté d'un abcès au cuir chevelu au niveau de l'occiput, vers la

(1). Bibl. Nat. Manuscrits, F. Fr. 6545.

fin du mois d'août. Cet abcès s'ouvrit spontanément le dimanche 24 septembre. C'est pendant le séjour de François Ier à Madrid que furent conclus, le traité de Madrid (14 février 1526) et ses fiançailles avec Léonor d'Autriche, veuve d'Emmanuel le Grand, roi de Portugal, sœur aînée de Charles-Quint.

Rentré en France, et peu satisfait de son mariage politique, François Ier redevint le roi galant.

Au nombre de ses maîtresses on comptait Françoise de Foix, comtesse de Chateaubriand, née en 1495. Le président Hévin conteste ce fait avancé par Varillas (1). Mais celle qui tint la place la plus large dans l'affection du roi fut Anne de Pisseleu de Heilly, qui avait été

---

(1) Varillas, *Histoire de François Ier*. Paris, 1685, in-4. T. I, p. 481. — Lettre de M. Hévin, avocat au Parlement de Bretagne, à M. de Nointel : Rennes, 1686, in-8, p. 14 et suiv.

demoiselle d'honneur de sa mère, Louise de Savoie, et qui avait accompagné la reine mère à Bayonne, quand elle alla au devant du roi, rendu à la liberté. Née en 1508, elle n'avait alors que 18 ans et possédait, d'après les écrivains de l'époque, tous les charmes de la jeunesse. C'est à partir de cette époque que commença une liaison qui dura jusqu'à la mort du roi, c'est-à-dire pendant vingt et un ans (1526-1547). Il la maria à Jean de Brosses, qu'il créa duc d'Etampes et c'est sous le nom de duchesse d'Etampes qu'est connue cette favorite qui, après la mort du roi, se retira dans ses terres et mourut vers 1577, à l'âge de 68 ans.

Jusqu'alors nous n'avons aucune preuve de l'intoxication syphilitique de François Ier. Nous ne la contestons pas, car elle est indiquée partout : le point important est d'en fixer le début.

Ici se placent les légendes.

La belle duchesse d'Etampes était-elle fidèle au roi? On l'ignore. Mais on sait aussi que, si elle occupait la première place dans le cœur de son royal amant, elle n'était pas la seule à posséder ses faveurs.

D'après tous les historiens et les chroniqueurs de l'époque, la coupable serait la belle Ferronnière, femme d'un avocat, nommé Ferron, selon les uns, ou d'un marchand de fers, selon les autres; ce serait elle qui aurait communiqué la syphilis au roi son amant.

On raconte que le mari outragé, voulant tirer vengeance des deux coupables, fréquenta les mauvais lieux et les femmes de mauvaise vie, contracta la vérole qu'il cherchait et la communiqua à sa femme qui la transmit au roi.

Cette sorte de vengeance nous paraît assez singulière. Il nous importe peu de savoir comment la Ferronnière a été infectée. Ceci se passait vers 1538. Le mari fut assez heureux, dit-on, pour en guérir ; sa femme en mourut et le roi en fut affligé pour la fin de ses jours.

Si les choses se sont passées ainsi, le mari vit ses vœux exaucés, selon et au delà de ses désirs.

Laissons là ce qu'il peut y avoir de dramatique dans ce récit. A partir de cette époque, la santé du roi fut altérée et nous le trouvons malade à Compiègne pendant un grand mois. « L'an 1538, dit du Bellay (1), le Roy estant à Compiègne, tomba malade d'une apostume qui lui descendit au bas du ventre, dont il fut en grand danger de mort. » Varillas parle d'un ulcère aux parties que la pudeur défend de nommer. C'est vers cette époque que François Ier reçut les soins du chirurgien Guillaume Vavasseur, qui *secreti cujusdam incommodi*

---

(1) Mémoires de du Bellay, Collection Michaud et Poujoulat, 1re série, t. V, p. 467.

tractatione intimam tanti Regis obtinuit fiduciam (1).

Etait-ce un bubon syphilitique? Nous sommes assez porté à le croire.

Cette même année eut lieu le passage de Charles-Quint à travers la France, passage qui fut signalé par des fêtes splendides, qui ne laissèrent pas que de fatiguer les deux monarques.

Aucun auteur n'a contesté la maladie donnée à François Ier par la Ferronnière, mais la cause de sa mort a été diversement jugée. Nous ne pouvons ajouter aucune confiance en Varillas, auteur d'une histoire de François Ier, qui vivait au xviie siècle, et mêlait souvent le vrai au faux, ni en Brantôme (1540-1614) dont la véracité est douteuse et qui raconte souvent pour le plaisir de raconter.

(1) De Vaux, *Index funereus chirurgorum Parisiensium*, Paris, 1714, in-8, p. 20.

Mézeray, Gaillard, Anquetil, Sismondi, etc., sont des historiens qui ont raconté après d'autres et ne sont ni des témoins oculaires, ni des pathologistes. Mais un chroniqueur du temps, Herbert, dit que le roi s'exprimait difficilement, par suite d'un mal qui lui avait rongé la luette (1). Nous ne citons ce fait que sous toutes réserves, car nous n'avons pas pu nous procurer cet auteur, indiqué par Lescure.

Mais il est un contemporain en qui nous pouvons avoir confiance, car il a été témoin de la dernière maladie de François Ier et dès 1546 il adressait à l'empereur Charles-Quint, son maître, les notes les plus précises sur la santé du roi. C'était de Saint-Mauris, ambassadeur d'Espagne (2). Nous lui laisserons la parole.

(1) Lescure. *Les Amours de François Ier*, Paris, 1865.
(2) Jean de Saint-Mauris, cité plus haut, était aussi connu sous le nom de sieur de Montbarre. Le roi

« En premier lieu, l'on donne advertissement qu'il y a jà assez longument que le Roy tres chrestien s'est treuvé malade; et fut ce commencement de son indisposition par une fiebvre lente qui ly print laquelle l'a tenu plusieurs fois, et sans qu'elle eust jour ny heure certaine, sinon qu'elle fut une fois continue cinq jours, oultre laquelle fiebvre se descouvroit aprez ung apostume soubz les parties inférieures, par lequel ledict Roy a esté grandement molesté et tellement affoibli qui ne se pouvoit substenir sur ses pieds : par où il fut contrainct de tenir le lict ou de demeurer en chayere. Pour la guerison duquel apostume on manda incontinent les plus expers medecins cirurgiens de Paris, lesquelx aprez avoir purgé ledict seigneur Roy luy appliquerent certain cautere sur ledict apostume, affin de le faire

---

l'estimait beaucoup, depuis qu'il l'avait connu pendant sa captivité en Espagne.

tant plustost meurir et percer; ayans reiteré ledict cautere jusqu'à ce que ledict apostume se rompist. Mais où l'on esperoit que ce seroit en ung lieu seulement, ce a esté en trois, et en place bien dangereuses, tellement que l'on ne sçait jusques au présent quelle seurté y peut avoir sa personne. Et mesme que luy advint nagueres ung évanouissement et foiblesse, combien qui soit toujours esté et soit encores en son bon sens et entendement. Et procede ceste maladie de celle qui luy fut quasi semblable lorsque l'Empereur passa d'Espagne par France. Et depuis, selon le succez de ladicte maladie, pour ce que l'évacuation ne se faisoit comme il appartenoit, l'on a appliqué trois nouveaulz cauteres audict sire Roy par le moyen desquelx luy sont este faiz trois pertuys par lesquelx est diffluée l'umeur pourrye en grande habondance. Et finablement pour mieulx resouldre ladicte maladie, ledict sire

Roy a commencé de faire la diette, laquelle il doit continuer pendant vingt jours qu'a esté par le conseil de ses medecins, lesquels demeurent tous d'opinion que ceste maladie procède du mal françois, à l'expulsion duquel ladicte diette pourra grandement servir. Si est ce que l'on se craint qu'il n'y ait ulcère en la vesique, receptacle de l'urine (1). »

Un mois s'écoula : le roi était plus souffrant. « L'apostume avoit cinq pertuys ». Le roi se sentant affaiblir continuellement exigea la cautérisation de quatre trajets fistuleux. Dans cet état les médecins pensaient qu'un homme sain pouvait vivre encore, mais ils n'osaient se prononcer sur le compte du roi.

Dans l'automne il y eut de l'amélioration dans la santé de François Ier. Mais au mois de janvier 1547 « il retomba en son mal accoustumé de l'apostume. »

(1) Archives nation. K. 1487 — De Ruble, *suprà*.

Les médecins rouvrirent la plaie, « de laquelle il sortit une grande infection dont il eut grand soulagement ». Cependant le roi n'avait pas perdu ses forces et sortait en litière.

Au mois de février 1547, François Ier, croyant que le changement de résidence lui serait favorable, se rendit à La Muette, château qu'il avait fait bâtir dans la forêt de Saint-Germain, et où il resta sept à huit jours. L'ennui le prit et il alla coucher à Villepreux : il eut la fièvre toute la nuit. Le lendemain il alla coucher à Dampierre, d'où il se rendit à Limours, à l'époque du Carême-prenant. Il y resta deux ou trois jours, alla à Rochefort où il essaya d'aller à la chasse. La fièvre le prenait tous les soirs. Il quitta alors Rochefort pour se rendre à Rambouillet, avec l'intention d'y passer une nuit avant d'aller à Saint-Germain.

Mais la fièvre redoubla : d'intermittente qu'elle était, elle devint continue « avecques la douleur d'une apostume qu'il avait eue peu de temps au précédent qu'il allast au devant de l'Empereur quand il passa par France » (1).

Le 20 mars le roi était en danger ; le 21 les médecins désespèrent de la santé du monarque et Saint-Mauris écrivit au cardinal de Grandvelle que François est très malade, « que son abcez ouvert lui donne la fiebvre par accez, qu'il a grand peur de la mort » (2).

Cet état alla en augmentant. Le mardi matin, 29 mars, le roi « advisa qu'on luy apprestast l'onction, qu'il ne voulut point partir de ce monde sans avoir tous les caractères et enseignes d'un militant soubz l'estendart et conduite de Jésus...

« Le soir d'aprez, un peu devant minuit, luy print une rigueur et un tremblement sy grand que l'assistance désespéra totalement de sa

---

(1) Du Bellay, *ouv. cité*, L. X.
(2) Arch. nat.., K. 1487. B. 6. pièces, 51, 52,

guarison, il print l'onction dévotement, se préparant, luy-mesme respondant..., il luy sembla aprez qu'il voyoit quelque vision dont il n'avait point de peur, comme il disoit, estant si bien accompagné de Jésus-Christ...

« Le soir de ce jour-là qui fust le mercredy, luy survint un accident tel qu'on pensait qu'il deust passer, là où le roi (1) se vint présenter à luy à genoux...

« Toute la nuict suivante fut en travail de quelques imaginations desquelles il se deffaisoit et revenoit toujours en son sens, remémorant plusieurs passages de l'Escriture...

« Le matin à la messe du jour de sa mort qui fust le jeudy dernier dudict mois de mars... aprez la parole et la veuë perdue, il fit certains signes de la croix sur son lict et ainsy qu'on l'exhortait de porter patiemment les douleurs

(1) Henri II, alors Dauphin.

de la mort pour la mort de Nostre Seigneur en ce visage mourant sourioit pourtant et montroit réjouissement..., sur quoy il rendit l'esprit à Dieu entre une et deux heures aprez midy (1). »

Le lendemain, après que la mort eut été constatée par les médecins, le corps du roi fut ouvert. « On trouva une apostume en son estomac, les rognons gastés et les entrailles pourries, le gosier en chancre et le poulmon entamé (2). » Tel est le résultat bien incomplet de l'autopsie que rapporte Saint-Mauris.

Examinons si, avec ces documents, il est possible d'attribuer la mort du roi François Ier à la syphilis.

Il est bon de rappeler qu'à cette époque, et pendant longtemps encore, on a un peu con-

---

(1) Bibliothèque nationale. Fonds français, Ms. 23, 351 Extrait des Registres du Parlement du vendredi 1er avril 1546 (il faut lire 1547), l'année ne commençant qu'à Pâques.
(2) Archives nationales, K. 1487 n°, 56.

fondu la syphilis et la blennorrhagie. Ajoutons que la dénomination de maladie vénérienne, employée pour désigner toutes les maladies contractées dans le culte de Vénus, n'a pas peu contribué à propager cette erreur. Chéreau semble avoir commis cette confusion en acceptant sans contrôle les opinions des historiens, et il s'exprime ainsi à l'occasion de la mort de François Ier : « Ainsi donc, pas de doute possible, François Ier mourut victime de la maladie vénérienne. Il mourut comme mourut son abominable antagoniste, Henri VIII... Il mourut lentement, miné pendant neuf années par un ulcère qui lui rongea le périnée, pénètra jusque dans la vessie et lui fit supporter de terribles douleurs et des ardeurs insupportables (1). »

Disons d'abord que ce n'est point ainsi que mourut Henri VIII, et qu'aucun historien n'a

(1) Les médecins de François Ier, *in* Union médicale, 1863, t. XIX, p. 136.

mis sur le compte de la maladie vénérienne la mort de ce monarque.

Cullerier est bien moins affirmatif (1) et laissant de côté les récits des historiens, qui ne sont pas forcés d'être des pathologistes, il cherche en vain dans la maladie de François Ier l'évolution régulière de la syphilis.

La légende a dramatisé l'anecdote de la Ferronnière; mais sans chercher à démêler ce qu'il peut y avoir de vrai ou de faux dans ce récit, nous pouvons faire remonter à 1538 les accidents primitifs. Cullerier s'en rapportant à Mézeray, qui n'avait rien vu, est très embarrassé à propos d'une « vomique qui aurait existé au périnée » et il se demande s'il ne devrait pas être question d'un abcès de l'aine, d'un bubon suppuré. Cullerier avait deviné juste; son instinct médical ne l'avait pas trompé,

(1) *Gazette hebdomadaire de Médecine*, 1856. p. 865.

et voici ce que nous dit du Bellay qui était placé assez près du roi pour le savoir : « L'an 1538, dit-il, le Roy estant à Compiègne, tomba malade d'une apostume qui lui descendit au bas du ventre dont il fut en grand danger de mort (1). »

D'après Brantôme, la syphilis aurait été contractée par François Ier avant son mariage. Or, comment concilier l'existence de cette maladie avec la nombreuse progéniture du monarque et les heureuses grossesses de la reine ?

Le diagnostic de Chéreau nous semble tout à fait erroné ; là où il met une affirmation si catégorique, nous mettons une négation, si par maladie vénérienne il veut dire *syphilis;* nous mettons une probabilité, s'il veut dire ulcération consécutive à un rétrécissement uréthral, suite de blennorrhagie.

---

(1) Du Bellay, *ouv. cité*, livre X, p. 467.

Peut-on admettre que François Ier ait souffert pendant neuf ans d'une ulcération spécifique à la région périnéale, ulcération qui aurait détruit la peau, les muscles, les aponévroses, en épargnant les vaisseaux, car il n'y a pas mention d'hémorrhagie? Les ulcérations spécifiques au périnée nous sont inconnues chez les hommes, à moins qu'elles n'y aient été inoculées par sodomie, ce qui mettrait hors de cause la belle Ferronnière. La statistique du Dispensaire de salubrité, à la Préfecture de Police, n'a permis de constater, sur des milliers de visites, qu'un seul accident tertiaire au périnée. Et cependant cette région chez la femme est bien plus exposée à la contagion.

En dépouillant avec soin tous les syphiliographes, peut-être trouverait-on un ou deux cas de gomme suppurée à la région périnéale. Il est impossible d'admettre que, depuis nombre d'années, François Ier fût porteur d'une semblable lésion qui ne l'eût pas empêché de monter à cheval et de chasser.

Il n'y a donc aucun argument positif qui autorise à attribuer à la syphilis la mort de François 1er.

Nous sommes moins affirmatifs, si l'on veut faire remonter à une affection uréthrale la cause de la lésion vésico-périnéale. Et ici encore le diagnostic peut être discuté.

Martin du Bellay nous parle de l'apostume que le roi avait lors du passage de Charles-Quint en France; mais il dit qu'elle siégeait au bas-ventre ; il n'est pas question du périnée. Depuis lors il n'est fait aucune mention ni de syphilis, ni de troubles dans les organes génito-urinaires.

L'apostume ou tumeur du fondement n'était pas une maladie inconnue à cette époque, et Ambroise Paré s'exprime ainsi à ce sujet : « La tumeur du fondement s'engendre ou de cause externe, comme pour avoir esté longtemps à cheval, ou pour estre tombé à chevauchons sus quelque chose dure, qui auroit contus et meurtri le fondement et les parties voisines d'iceluy (1). » Or, on sait que c'est en 1538 que François Ier ressentit les premières atteintes de cette incommodité et on sait qu'il était un cavalier émérite.

On sait aussi que François Ier était très porté pour les femmes; qu'il en avait usé et abusé. Il n'y aurait rien d'étonnant qu'il eût pu contracter dans leur commerce quelque uréthrite, quelque prostatite consécutive, ayant donné lieu à un abcès au périnée.

Nous sommes donc ici en présence de deux hypothèses : l'une attribuant la fistule vésicopérinéale au traumatisme, l'autre à une uréthrite. Et nous n'avons aucune preuve certaine

(1) OEuvres de maistre Ambroise Paré, édit. Malgaigne, t. I, p. 419.

pour accepter l'une plutôt que l'autre de ces hypothèses. Nous sommes donc bien éloigné de l'affirmation de Chéreau.

L'autopsie que rapporte Saint-Mauris peut être diversement interprétée. Elle est tellement incomplète, elle manque tellement d'esprit scientifique que nous ne pouvons la consulter qu'à titre de simple renseignement. « Une aposthume dans l'estomac, des rognons gâtés, des entrailles pourries », tout cela ne signifie pas grand'chose. Mais « le gosier en chancre et le poumon entamé » en disent un peu plus long. Par « le gosier en chancre », Saint-Mauris ou les médecins qui ont pratiqué l'autopsie ont sans doute vu quelques ulcérations, le mot *chancre* n'ayant pas alors la signification qu'on lui a donnée depuis.

En résumé, tout combat l'opinion émise par les écrivains qui ont prétendu que la syphilis avait amené la mort du roi. Dans aucun des symptômes observés, dans la marche de la maladie, dans l'examen cadavérique, on ne trouve ceux de la syphilis.

Quant aux phénomènes ultimes, ce sont les phénomènes classiques de l'intoxication urineuse, de la pyohémie, caractérisés par des accès fébriles intermittents d'abord, puis continus, du subdelirium, de la carphologie et confirmés à l'autopsie par les lésions de l'estomac, des reins, des poumons ou de la gorge.

Il faut donc en rabattre de l'opinion avancée par certains auteurs sur la mort de François Ier, opinion qui a donné lieu au tercet si connu :

> L'an quinze cent-quarante-sept,
> François mourut à Rambouillet
> De la vérole qu'il avait.

Les causes de la mort de François Ier sont donc complexes et on peut croire qu'il a succombé, consumé à la fois par les embarras politiques, par les jouissances d'une vie de fatigues et de plaisirs de toute nature, à l'exception de ceux de la table, par une maladie des voies urinaires, restes probables mais non certains de maladie vénérienne.

MAISON MEDICALE

François Ier avait une maison médicale qui ne laissait rien à désirer quant au nombre. Trois de ses médecins le suivirent en captivité. De ses vingt-sept médecins, les plus connus sont Louis de Bourges, ou *Burgensis* qui l'avait accompagné à Madrid et qui mourut en 1556 ; — Jean Chappelain qui entra à la Cour en 1542 et qui mourut en 1569, au siège de Saint-Jean-d'Angély ; — Jean Desjardins, qui fut doyen de la Faculté de médecine, de 1524 à 1526, et qui est mort le 31 janvier 1548 ; — Martin Akakia qui avait grécisé son véritable nom *Sans-Malice*, mort en 1551 ; — Jean Fernel, Guillaume Millet, Sainte-Marthe, Monty, Mazille, qu'on retrouvera auprès de Charles IX ; Marc Miron, Duret, etc. (1).

(1) Bibl. nat. F. Fr. 7852.

HENRI II

1518-1559

Le 30 juin 1559, à l'occasion des doubles fiançailles de sa sœur Marguerite avec le duc de Savoie et de sa fille Elisabeth avec Philippe II, Henri II donnait des fêtes splendides suivies d'un tournoi. Après avoir lutté avantageusement contre plusieurs adversaires, le roi se rencontra avec le jeune comte de Montgomery, fils du duc de Lorges. La lutte avait été brillante, mais ayant brisé leurs lances l'une contre l'autre, Montgomery négligea, selon la coutume, de jeter à terre le tronçon qui lui était resté dans la main et le tint toujours baissé. Ce tronçon frappa la tête du roi, au niveau de la visière du casque qui se souleva et il lui creva l'œil. On aida le blessé à descendre de cheval, on lui ôta son casque ; le médecin Legrand et de Vieilleville le portèrent à sa chambre. Henri II pressentit la gravité de sa blessure et dit qu'il était mortellement frappé. La porte fut fermée à la reine et aux princes ; les médecins, chirurgiens, apothicaires et gens de service seuls furent admis auprès du blessé (1). Vésale fut envoyé de Bruxelles par Philippe II.

« Cinq ou six chirurgiens des plus experts
« de France firent toute diligence et devoir de
« profondir la playe et sondre l'endroict du
« cerveau où les esquilles du tronsson de la
« lance pouvoient avoir donné. Mais il ne leur
« fust possible, encore que durant quatre jours
« ils eussent anatomisé quatre testes de crimi-
« nels que l'on avoit décapités en la Concier-

(1) De Thou, *Hist. de mon Temps*, I, 722.

« gerie du palais et aux prisons du Grand
« Chastelet, contre lesquelles testes on coi-
« gnoit le tronsson par grande force au pareil
« costé qu'il estoit entré dedans celle du Roy;
« mais en vain (1). »

Des accidents cérébraux et la fièvre se déclarèrent; le quatrième jour, la raison revint un peu, mais la fièvre continua. On fit alors appeler la reine Catherine pour lui parler des affaires de l'État : c'était le 4 juillet. Les symptômes allèrent en augmentant jusqu'au 9 juillet : à cette date, le roi avait perdu complètement la parole et l'intelligence : il ne reconnaissait plus personne et la mort survint le 10 juillet 1559.

Voici comment Ambroise Paré raconte cet événement :

« Tous lesquels accidens, ou la plus part, on a veu advenir au feu Roy Henry dernier decedé,

---

(1) V. Carloix, *Mémoires sur la vie du Maréchal de Vieilleville*, Liv. VII, Ch. XXVIII, p. 709.

lequel au tournoy receut un tres grand coup de lance au corps, qui fust cause lui eslever la visiere, et un esclat du contrecoup luy donna au-dessus du sourcil dextre, et lui dilacera le cuir musculeux du front près l'os transversalement jusques au petit coin de l'œil senestre, et avec ce plusieurs petits fragments ou esquilles de l'esclat demeurerent en la substance dudit œil, sans faire aucune fracture aux os. Donc à cause de telle commotion ou esbranlement du cerveau, il deceda l'onzieme jour apres qu'il fut frappé. Et apres son deces, on luy trouva en la partie opposite du coup, comme environ le milieu de la commissure de l'os occipital, une quantité de sang espandu entre la dure mere et la pie mere : et alteration en la substance du cerveau, qui estait de la couleur flave ou jaunastre, environ la grandeur d'un poulce : auquel lieu fust trouvé commencement de putrefaction : qui furent causes suffisantes de la mort advenue audit Seigneur, et non le vice de l'œil seulement. Ce qu'aucuns ont voulu referer à la cause de sa mort : car on a veu plusieurs qui ont receu de plus grands coups que cestuy sur les yeux, neant moins ne sont morts » (1).

Henri II de son mariage avec Catherine de Médicis, avait eu dix enfants, cinq garçons et cinq filles :

1° François II, né le 9 janvier 1544, mort scrofuleux en 1560, à 17 ans ;

2° Louis d'Orléans, né le 3 février 1548, mort à l'âge de 2 ans et demi, le 24 octobre 1550 ;

3° Charles IX, Maximilien, né le 27 juin 1550, mort phtisique en 1574, à 25 ans ;

4° Henri III, né à Fontainebleau le 20 septembre 1551, mort assassiné en 1589, à 38 ans ;

5° François, *duc d'Alençon,* né le 18 mars 1554, mort phtisique en 1584, à 30 ans.

(1) Ambroise Paré, Ed. Malgaigne. T. II, p. 25.

A part la Reine de Navarre, Marguerite, les cinq filles n'ont pas été plus favorisées.

1° ELISABETH DE FRANCE, née en 1545, troisième femme de Philippe II d'Espagne, est morte en 1560, à 23 ans (a eu 2 enfants) (1) ;

2° CLAUDE DE FRANCE, née en 1547, femme de Charles II duc de Lorraine, est morte en 1575, à 27 ans (a eu 9 enfants) : elle aurait succombé, d'après Brantôme, aux suites de couches, dont il rend responsable une « vieille sage-femme et grosse yvrognesse de Paris ; »

3° MARGUERITE DE VALOIS et de Navarre, née en 1552, première femme d'Henri IV, morte à Paris en 1615, à 62 ans.

---

(1) Ces deux enfants étaient :
1° Isabelle-Claire-Eugénie, infante d'Espagne, née le 11 août 1566, mariée à l'archiduc Albert, morte le 29 novembre 1633, à 68 ans ;
2° Catherine-Michelle, née le 10 octobre 1567, mariée à Charles-Emmanuel de Savoie, morte le 6 novembre 1597, à 30 ans.

4° Jeanne de France, } sœurs jumelles, nées le 24 juin 1556, mortes
5° Victoire de France, } la 1ʳᵉ, à six semaines ; la seconde en naissant.

Parmi les médecins attachés à la personne de Henri II, les plus remarquables sont Louis de Bourges, qui avait été attaché à François Iᵉʳ, Fernel, Simon de Bourges, Vallerand Hève, (*Ab Heva*) Jehan Papin, Fl. de Montigny.

Comme chirurgiens, Henri II compta Ambroise Paré, Jehan d'Amboise, Nic. Lavernot, etc. (1).

Vasale, alors à Bruxelles, vint le voir lors de sa blessure.

C'est grâce aux conseils de Fernel que le mariage d'Henri II et de Catherine de Médicis ne fut pas stérile. Il y avait dix ans que le mariage était conclu et on commençait à désespérer de voir naître un héritier, lorsque Fernel

(1) *Arch. Nat.* kk. 125, f° 1381...

fut consulté. Il constata que l'époux était affecté d'hypospadias et il prescrivit certaines dispositions conjugales qui aboutirent le 19-20 janvier 1544, à la naissance de François II, naissance qui fut suivie de beaucoup d'autres.

MAISON MÉDICALE (1)

Messire Louis Louis Burgensis, conseiller et premier médecin............	1.200 livres
M⁰ Christophe de La Forest...	800
Jean Gouvareau..........	800
Guillaume Millet.........	800
Jérome de Varade........	800

MÉDECINS

M⁰ Jean Chapelain...........	800
Noël Ramart...........	800

(1) Bibl. Fac. Méd. de Paris. *Pièces pour l'histoire de la médecine.* Mss. 150, t. I., p. 295.

Mᵉ	Valeran Hevez............	800 livres
	Laurent Crabe............	800
	Martin Akakia............	800
	Jean Fernel..............	800
	Jean Miron...............	800
	Jérôme de Monthoux.......	800
	Jacques Olivier...........	800

APOTHICAIRES

Mᵉ	Julian Bange..............	400
	Pierre Daigue............	400

CHIRURGIENS

Mᵉ	Jean Leverrier, dit de Nismes, premier.................	800 livres.
	Guillaume de Castres......	240
	Pierre de La Maison......	240
	Jean Lambert.............	240
	Adrien Rangeaa...........	240
	Jean Taureau.............	240

Mᵉ Nicolas Lavernot........ 240 livres
Paul de Pauly.......... 240
Rasse de Sueux........ 240
Louis Pochard.......... 240
Mathurin de la Noue..... 240
Jean Fromages......... 240
Girard Dambresche...... 240

BARBIERS

Charles Godefroy, premier..... 300
Adam Deshayes............. 300
Jean Leprestre.............. 240
René Pointeret.............. 240
Jacques Lamotte............ 240
Thomas Gilbert............. 240
Jean Ravenier.............. 240
Jean Gaultier............... 240

FRANÇOIS II

1543-1560

François II était né avec une santé débile. Il avait à peine seize ans, quand on le maria en 1558 avec une belle et séduisante princesse de dix-sept ans, Marie Stuart. Cette union prématurée a été préjudiciable à sa santé. Devenu roi en 1559, à une époque assez agitée, il eut à supporter à la fois les fatigues d'une cour frivole et d'un mariage récent. On disait de lui qu'il était un roi « sans vices et sans vertus. »

La légende s'est encore emparée de la mort de ce prince qu'elle a fait périr victime du poison. L'étude des symptômes de sa dernière maladie démontre combien cette opinion est erronée.

Au mois de novembre 1560, François II était avec la cour à Orléans où étaient réunis les États généraux. Avant l'ouverture des États, il se livrait à son goût pour la chasse, à Chambord et à Chenonceaux. Il était déjà souffrant depuis quelque temps de douleurs de tête, occasionnées par une fistule ancienne au niveau de l'oreille gauche. Sa constitution était lymphatique.

Le dimanche 15 novembre, il était aux vêpres à l'église des Jacobins, lorsqu'il éprouva une syncope : on dut l'emporter à sa chambre. Lorsqu'il eut repris connaissance, il se plaignit de vives douleurs dans l'oreille gauche « en laquelle il avait eu de tout temps une fistule, en sorte que de la douleur la fiebvre le print. »

« Quant à la maladie du Roy, combien que quelque humeur fort puante fust distillée de son oreille, qu'il eust esté purgé et ventosé et que cette descente fust retenue par fomentations, toutes fois la fiebvre ne laissa de luy redoubler avec grandes douleurs, inquiétudes et resveveries » (1).

Du 15 au 25 novembre, même état ou à peu près. A partir du 25, le mal fit des progrès. Ambroise Paré, Nicole, Servais furent très perplexes d'abord et ne tardèrent pas à juger la maladie au-dessus des ressources de leur art. Le cardinal de Lorraine fit faire des processions, brûler des cierges ; son frère le duc de Guise se répandait en invectives contre les médecins et les chirurgiens parce qu'ils ne pouvaient sauver le jeune monarque.

Malgré processions, vœux, prières et invectives, le mal empirait.

Les médecins et les chirurgiens se réunirent en consultation et la question du trépan fut

(1) Regnier de la Planche, *Hist. des États de France sous François II*, Ed. Panth. litt., p. 411, 418.

agitée, mais on ne conclut rien. Enfin le 5 novembre François II expirait « par une défluxion
« d'humeur qui lui descendoit du cerveau dans
« l'oreille gauche, laquelle s'étant formée en
« apostume et ne pouvant trouver de conduit
« pour passer, l'étouffa ».

Pour peu qu'on réfléchisse à la succession des symptômes qui se sont manifestés dans la dernière maladie de François II, on ne trouve rien qui indique que le jeune roi ait succombé à un empoisonnement (1). Un trajet fistuleux existant depuis longtemps et donnant issue par l'oreille à un pus fétide fait déjà supposer une lésion organique des parties osseuses. Pour que les chi-

(1) C'est donc à tort, selon nous, que Vitet, dans sa pièce dramatico-historique, *Les Etats d'Orléans*, s'est fait l'écho de la légende qui fait mourir François II empoisonné. L'histoire du bonnet que le roi portait à la chasse et dans la coiffe duquel Ambroise Paré aurait trouvé une poudre blanche suspecte, est une fable à laquelle un écrivain sérieux ne peut prêter aucune attention.

rurgiens aient songé à appliquer une couronne de trépan, il fallait que la lésion occupât une partie importante et circonscrite, telle que l'apophyse mastoïde, les cellules mastoïdiennes ou le rocher; la fétidité de l'écoulement et son ancienneté font croire à une carie osseuse. Tant que le pus a pu se faire jour au dehors, la santé était tolérable; mais dès que l'inflammation a gagné les méninges par voisinage, des symptômes cérébraux se sont développés, tels que syncope, hallucinations, assoupissement, etc.; d'où l'on peut établir que François II a succombé à une carie du rocher et à un épanchement cérébral consécutif, et nullement à un empoisonnement.

MAISON MÉDICALE

La maison médicale de François II était ainsi composée en 1559 : (1)

(1) *Arch. Nat.* K. K. 129, f° 28 v°.

Médecins

Jehan Chappelain, 1er médecin..	1200 livres
Guillaume Millet.............	800
— Millet fils..........	800
Hiérosme de Varade...........	800
Valeran Hevez...............	800
François Miron..............	800
Jacques Olivier..............	800
Jehan Pepin................	800
Simon de Bourges............	800
Jehan Desrousseaux...........	800
Honoré Castellan.............	800
Nicole Legrand..............	800
Simon Bellanger.............	600
Balthazar Fabry.............	600
Laurent Crabbe..............	800
Philippe de Flexelle..........	200
Guillaume Chrestien..........	400
Jehan Mazille...............	400

Chirurgiens

Nicole Lavernot, 1ᵉʳ chirurgien.	800 livres
Pierre Aubert................	280
Jehan Thoreau...............	240
Race Desneux...............	120
Louis Pochart...............	240
Ambroise Paré..............	240
Etienne de la Rivière.........	240
Laurent Collot...............	240
Jehan d'Amboise............	240
Nicole Lambert..............	240
Jacques Guillemeau...........	200
Pierre Le Verrier.............	200
Jehan Lavernot..............	
Jacques Leroi................	

CHARLES IX

1550-1574

Charles IX était le troisième fils d'Henri II et de Catherine de Médicis. Né le 27 juin 1550, il succéda à son frère aîné François II, le 5 décembre 1560, à l'âge de dix ans.

Son éducation fut cultivée (1), et l'on sait qu'il aimait les arts, la musique et tournait le vers français avec assez d'habileté. De plus on lui avait donné le goût des exercices du corps :

(1) Il eut pour précepteur Amyot et pour gouverneur de Sipierre, homme de mœurs pures ; à la mort de Sipierre, ce fut le maréchal de Retz, de mœurs légères, qui fut nommé son gouverneur.

il était bon joueur au ballon, élégant danseur et chasseur excellent. Il n'était pas étranger aux travaux manuels, battait l'enclume et fabriquait des armes, « ce qui le rendait moins sujet aux femmes, » dit de Thou, — qui prétend qu'il n'en a jamais aimé qu'une seule en sa vie, Marie Touchet, sa maîtresse. D'Aubigné prétend au contraire qu'il « était acharné à toutes sortes d'amours. » On voit qu'en cela de Thou n'est pas d'accord avec les autres historiens, qui accusent Charles IX de s'être « fait un jeu de corrompre les femmes et les filles. »

En dehors du lit royal il eut deux bâtards.

Il était sobre, ne buvait presque pas de vin, mangeait peu, ne dormait guère : depuis la Saint-Barthélemy surtout, son sommeil était souvent troublé par des rêves et des visions pénibles.

Mais sous le rapport moral, son éducation laissait beaucoup à désirer. Le jeune prince était cruel : dès son enfance il avait assisté au carnage des bêtes fauves, et cette vue, loin de lui déplaire, paraissait avoir pour lui beaucoup d'attraits. « Jurer, se parjurer, blasphémer le nom de Dieu, déguiser sa foi, sa religion..., voilà ce qu'on lui a enseigné de bonne heure comme un jeu (1). »

Du reste, Charles IX ne faisait en cela que suivre les tristes habitudes de la cour, dont les mœurs, à cette époque, étaient très relâchées.

Quant au physique, si l'on contemple attentivement le buste de Charles IX, fait en 1568, par Germain Pilon, quand le prince avait dix-huit ans (2), si l'on cherche à reconnaître s'il n'existe pas déjà quelque trace physiognomonique de maladie thoracique, on ne constate rien. Le corps semble un peu voûté, la tête est

---

(1) De Thou, *Histoires*, liv. 52.
(2) Ce buste est au musée du Louvre, dans la salle de sculpture de la Renaissance, et porte le n° 130.

légèrement inclinée à gauche; l'embonpoint est normal, le visage est ovale, le nez fort et un peu pointu, le sillon naso-labial peu marqué; les buccinateurs sont développés, l'orbiculaire de la lèvre supérieure est proéminent, peut-être à cause de l'exercice violent de ces muscles dans l'action de sonner de la trompe, ce que le jeune roi faisait souvent et avec assez d'habileté. Les lèvres sont pincées; les cheveux sont courts, assez abondants; le visage est encore imberbe. L'ensemble de la physionomie a quelque chose de lympathique, et l'on éprouve en la contemplant un sentiment glacial tout particulier, sans doute en se rappelant les actes du règne de Charles IX. La tête est large sur les côtés, indice de la destructivité, selon les phrénologistes; les lèvres pincées, comme celles de Robespierre, indiquent une cruauté inexorable. De Thou trouvait au roi la taille belle, le regard fier, le visage pâle et plombé, le corps bien proportionné.

Comme antécédents, rappelons que Charles IX est petit-fils de François Ier. Il n'y a rien à noter du côté de son père Henri II, mort accidentellement à 41 ans : seulement n'oublions pas que Henri II eut une vie très licencieuse et pleine d'excès. Quant à sa mère Catherine de Médicis, elle mourut à l'âge de 70 ans. Son frère aîné, François II mourut dans sa dix-septième année, après vingt jours de maladie, d'un abcès symptomatique dans l'oreille gauche.

Voilà tout ce que nous pouvons savoir sur les antécédents de Charles IX. Nous ne dirons rien de la fameuse saignée faite par Portail, saignée qui fut suivie de symptômes effrayants, et dont Ambroise Paré contribua à arrêter les effets, qui d'ailleurs n'ont eu aucune influence sur sa santé. C'est à cette cure qu'on attribue généralement l'attachement du roi pour son chirurgien. Mais telle n'est pas l'opinion de Brantôme : pour lui l'attachement du prince a une autre source (1). Il prétend que Charles IX a été affecté d'une maladie vénérienne pour laquelle, au temps de la Saint-Barthélemy, il recevait des soins d'Ambroise Paré, et que ce fut l'une des raisons pour lesquelles le chirurgien échappa au massacre (2).

Que Charles IX ait eu une maladie vénérienne — la syphilis, peut-être, — nous ne saurions le contester ni l'affirmer.

D'ailleurs c'est dans les choses possibles ; la vie licencieuse de la cour nous autorise à le croire, bien que de Thou se fasse pour ainsi

(1) Brantôme, VII, pag. 204. Ed. 1787.
(2) La légende dit qu'Ambroise Paré était protestant. C'est une erreur, car *dix-neuf ans avant* la Saint-Barthélemy, il était parrain à l'église St-André-des-Arts, sa paroisse, de l'enfant de Robert Gréaulme, docteur régent. Il s'est marié deux fois à l'église catholique, la première en 1541, la seconde en 1574 à l'église St-Séverin. Tous ses enfants ont reçu le baptême à l'église St-André-des-Arts, le premier en 1545 ; le dixième et dernier en 1583. (*Voir* Bib. nat. Mss. Coll. Clairambault, T. 987 et Cab. des titres, T. 763.)

dire garant de la bonne conduite du roi. Mais Brantôme va peut-être un peu loin quand il dit que c'est cette maladie vénérienne qui a conduit le roi au tombeau. Elle aurait pu y contribuer, mais indirectement.

Passons sur la Saint-Barthélemy, trop connue pour nous y arrêter. Le soir et le lendemain de cet horrible massacre, Charles IX fit mander Ambroise Paré. Après l'état de surexcitation dans lequel le roi s'était trouvé pendant deux jours, il tomba dans l'affaiblissement, eut des remords, la fièvre, des hallucinations. On en aurait à moins. « Am« broise, dit-il à son chirurgien, je ne sçais « ce qui m'est survenu depuis deux ou trois « jours, mais je me trouve l'esprit et le « corps grandement esmeus, voire tout ainsy « que si j'avois la fiebvre, me semblant à « tout moment, aussy bien veillant que dor« mant, que ces corps massacrez se présen-

« tent à moy, les faces hydeuses et couvertes
« de sang (1). »

Cet état ne dura pas. On conseilla au roi de chercher des distractions dans la chasse, à laquelle il se livra avec plus d'ardeur qu'auparavant.

Ainsi, remords, débauches, emportements violents, courses forcenées à cheval, matinées entières passées à sonner du cor, excès de chasse, et par conséquent alternatives de chaud et de froid, toutes ces causes, jointes aux antécédents de famille, altérèrent la santé du jeune roi. Il y en avait assez pour développer quelque germe de phtisie ou tout au moins de maladie des poumons ou de leurs enveloppes.

Voilà pour les causes physiologiques, physiques et psychiques ou morales.

Charles IX était en outre sujet à des hémop-

---

(1) Sully, *Coll. des Mém.* 1 vol., 2ᵉ sér., p. 245,

tysies fréquentes qui le reprirent vers Noël 1573 (1). D'après les mémoires de Marguerite de Valois, sa sœur, la dernière maladie de Charles IX commença cette même année, à l'époque où Henri partit pour la Pologne.

Le 28 septembre 1573, il était à Villers-Cotterets, et avait voulu conduire son frère jusqu'à la frontière de France, mais il tomba malade à Vitry. « Le Roy, dit Cheverny, avoit « une maladie de poulmons qui lui occasionnoit « souvent des accidents périlleux. » — Il commença, dit d'Aubigné, « à se trouver mal d'une « fiebvre lente qui croissait tous les jours, ce « qui donna de quoy deviser à toutes sortes de « gens, accordans à cette maladie les menées « de la Reyne mère pour prolonger le parte- « ment du Roy de Poulogne jusques après « l'hyver. »

(1) Cheverny, *Mém*. Éd. Pant. litt., p. 233.

De Vitry, Charles IX retourna à Saint-Germain. Les crachements de sang étaient plus abondants et plus fréquents. Quelques-uns des médecins du roi s'en inquiétèrent.

Vers les jours gras — du 22 au 23 février 1574 — il y eut un complot contre lui. Il était question de tentatives d'empoisonnement et de menées sourdes dirigées par des partisans du roi de Pologne et par son beau-frère Henri (IV) de Navarre, et auxquelles on prétendait que Catherine n'était pas étrangère. Tous ces bruits qui parvinrent jusqu'au roi le mirent dans de grands accès de colère et le déterminèrent à quitter Saint-Germain pour se rendre à Vincennes. Il se fit conduire en litière de Saint-Germain au faubourg Saint-Honoré, chez le maréchal de Retz, où il logea, puis de là à Vincennes où il menait une vie tranquille et calme, ne se levait plus, ce qui n'empêcha pas les hémoptysies de revenir de temps en temps.

Vers le mois de *mai* 1574, il garda le lit, recevant des soins de Jean Mazille (1). Il avait une fièvre continue, la respiration gênée, une expectoration sanguinolente, les yeux caves, la face livide, les pommettes rouges, les lèvres brûlantes, une soif ardente (2). De continue, la fièvre devint tierce, quarte, puis erratique avec frissons.

Le médecin n'y reconnut rien. « Tant y a
« que les médecins y perdirent leur latin, d'au-
« tant qu'ils ne purent jamais bien cognoistre
« sa maladie, car il luy subvint une fiebvre
« erratique qui tantost estoit quarte, tantost
« continue, et pensoit M. Mazille, son pre-

(1) Jean Mazille était de la faculté de Montpellier ; il exerçait sa profession à Beauvais, avait été introduit à la cour par le Cardinal de Chatillon dont il était le médecin, devint successivement médecin de Henri II, de Catherine de Médicis et de Charles IX. Il quitta la cour après la mort du roi et vécut dans la retraite. Il était tombé en défaveur.

(2) D'Aubigné, *Hist. univ.*

« mier médecin, qu'il se porteroit bien en
« mieulx, ainsy que la fiebvre diminue-
« roit... (1). »

Les frissons, les accès fébriles indiquaient assez la formation de la collection purulente. Dans l'ignorance où l'on était de la nature de la maladie, le traitement a dû être bien insignifiant, Brantôme, cet indiscret courtisan, nous raconte que, malgré sa maladie, le roi eut des rapports avec sa femme, ce qui hâta la terminaison. « Aulcuns ont voulu dire que
« durant sa maladie, il s'échappa après la reyne
« sa femme et s'y eschauffa tant qu'il en abré-
« gea ses jours; ce qui a donné subjet de dire
« que Vénus l'avoit faict mourir avec Diane.
« Ce que je n'ay sceu croire (2). »

(1) Brantôme. *Vie des grands capitaines*. Ed. Panth. p. 564.

(2) D'après Sauval, qui avait entre les mains un excellent manuscrit de Brantôme, les quatre mots *la Reyne sa femme* auraient été mis, par un éditeur, à la place

Le 26 mai, le roi était toujours alité et le mieux ne se faisait pas sentir. Il fit demander le comte de Cheverny, un de ses officiers, pour s'entretenir avec lui des affaires de l'État. « Pendant les derniers jours de sa vie, le roy,
« dit-il, me faisant un jour cet honneur de me
« parler dans son lict et voyant que malaysé-
« ment il respiroit et prenoit son vent, je ju-
« geay et apperceus qu'il estoit fort proche
« de sa mort, veu les advis particuliers que
« j'avois à toute heure de sa disposition (1). »

Cheverny fut inquiet de l'état dans lequel il trouva le roi et il en fit part à la reine mère, Catherine de Médicis, à cause surtout de l'absence de son troisième fils, Henri, qui était en Pologne. Catherine, fort confiante en ce que

des trois initiales L. R. M. (la Reine Margot), car le bruit courait que Charles IX avait des rapports incestueux avec sa sœur Marguerite de Valois. — V. Pierre Dufour, *Hist. de la Prostitution*, t. V, p. 354.

(1) Cheverny, *Mémoires*, Ed. Panth. litt., p. 232.

disaient les médecins, ne voyait pas la gravité de la position du roi. Cependant, d'après les instances de Cheverny, elle demanda qu'une consultation eût lieu le lendemain, 27 mai, — consultation qui se fit en présence du chancelier de Birague, et des conseillers de Morvilliers et de Limoges. Cheverny, par discrétion, refusa d'y assister.

Dans cette consultation, à laquelle prirent part Simon Piètre et Legrand, on établit que la maladie du roi était une simple fièvre tierce, sans aucun danger. Ainsi, ni l'expectoration, ni les hémoptysies, ni la dyspnée, ni les suffocations n'éveillèrent l'attention des consultants sur l'état des organes thoraciques, et pourtant on savait que le roi toussait souvent. On avait l'esprit tourné d'un autre côté.

Le vendredi 28 mai, « sur les deux heures « après midy, le Roy ayant faict appeler Ma- « zille, son premier médecin, et se plaignant

« de grandes douleurs qu'il souffroit, luy de-
« manda s'il n'étoit pas possible que luy, et
« tant d'autres grands médecins qu'il y avoit
« en son royaume, luy pussent donner quelque
« allégement en son mal, car je suis, dit-il,
« horriblement et cruellement tourmenté (1). »
Mazille répondit que les médecins avaient fait
tout ce qui dépendait de leur art, que toute la
Faculté s'était réunie la veille pour y porter
remède, qu'il fallait attendre et s'en rapporter
à Dieu.

Le 29 mai, au matin, il y eut un peu d'amélioration ; car Brantôme rapporte « que le
« jour avant sa mort, il se portoit très bien ;
« nous croyions tous (dit-il), qu'il s'en alloit
« guéry. » Charles IX s'occupa des affaires
de l'État, de la Régence, etc.

La nuit du 29 au 30 mai, le roi fait appeler

(1) L'Estoile. *Journal*..... Ed. Petitot, t. XLV, 1ʳᵉ sér., p. 86.

de nouveau Mazille, à cause des douleurs qu'il éprouvait. Aucun auteur contemporain, si ce n'est d'Aubigné, ne parle des hémorrhagies cutanées qui auraient été le prélude, sinon la cause, de la mort de Charles IX. « Aux « extrêmes douleurs, dit d'Aubigné (1), il sor- « toit du sang par les pores de la peau de ce « prince, presque en tous endroits. » Si ce phénomène eût existé, comment expliquer le silence des historiens contemporains à ce sujet ? Comment aussi expliquer que les médecins n'eussent vu dans la maladie qu'une fièvre qui devait guérir après une crise? Comment expliquer les paroles rassurantes du médecin Mazille à la reine mère Catherine ? Et d'ailleurs les hémorrhagies cutanées sont un phénomène trop rare pour ne pas attirer toute l'attention des médecins, et cela d'une façon toute spéciale.

(1) D'Aubigné, *ouv. cit.*

Mazille ne trouva pas la situation du roi plus grave ; il l'exhorta à la patience, à la confiance en Dieu, lui recommanda le repos. Il fit retirer tout le monde de la chambre du malade, à l'exception de La Tour, de Saint-Prix et de la nourrice. Le rôle de la femme de Charles IX, Élisabeth ou Isabelle d'Autriche, est bien effacé dans toute cette maladie. Brantôme seulement, qui estime beaucoup la jeune reine, nous la fait intervenir d'une façon assez singulière. Cependant, dans son livre « *Des Dames illustres* » il lui consacre un chapitre fort élogieux, dans lequel il nous la représente comme une épouse modèle, malgré les fautes et les torts de son royal époux. Il paraît qu'à la Cour l'étiquette ne laisse point place aux sentiments.

La seule personne qui resta la nuit avec La Tour et Saint-Prix était, comme nous venons de le voir, la nourrice du roi, qu'il aimait beaucoup, bien qu'elle fût huguenote.

« Comme elle se fust mise sur un coffre et
« commençoit à sommeiller, elle entendit le
« roy se plaindre, pleurer et soupirer ; elle
« approcha tout doucement du lict et, tirant
« la custode (rideau), le roy commença à lui
« dire, jetant un grand soupir et larmoyant si
« fort que les sanglots luy interrompoient la
« parole : Ah! ma nourrice! ma mie! ma
« nourrice! que de sang et de meurtres! Ah!
« que j'ay suivy un méchant conseil! Oh!
« mon Dieu! pardonne-les-moy et me fais mi-
« séricorde, s'il te plaist! je ne sçay où j'en
« suis, tant ils me rendent perplexe et agité.
« Que deviendra tout ceci? que ferai-je? Je
« suis perdu, je le vois bien! » (1)

La nourrice le rassura par quelques paroles consolantes, lui donna un nouveau mouchoir, car le sien était tout mouillé de ses larmes, ferma le rideau et le laissa reposer.

(1) L'Estoile, *ouv. cit.*

Le 30 mai, dimanche de la Pentecôte, le médecin assure encore Catherine que le roi guérira, qu'il n'y a qu'une crise ; et cependant Charles IX venait de signer l'ordonnance conférant la régence à sa mère Catherine. Deux heures après la visite du médecin, la reine mère s'était rendue à la messe du château de Vincennes ; mais le médecin vint la prévenir pendant l'office que le roi était très mal (1).

Vers midi, vomissements et frissons. « Lors
« il rentra de rechef en ces accez de vomisse-
« ments et frissons, et de plus en plus se sen-
« tant abbaisser et diminuer ses forces, pria
« qu'on ne luy parlast plus que de prières et
« oraisons... » (2)

L'agonie commença aussitôt et la mort

(1) Cheverny. — Dans ses *Mémoires*, Cheverny cite toujours Marillac comme médecin du roi, et jamais Mazille. Y a-t-il erreur de typographie ?
(2) *Le vray Discours ou dernier propos de Charles IX*, p. 13-14.

arriva vers trois heures et demie de l'après-midi, Charles IX étant âgé de 24 ans moins vingt-huit jours.

« Le jour en suivant, son corps fut ouvert
« en la présence des magistrats, et n'y ayant
« esté trouvé en dedans aulcune meurtrissure
« ny tache, cela osta publiquement l'opinion
« que l'on avoit de la poison... M. de Strozze
« et moy en demandasmes advis à maistre Am-
« broise Paré, son premier chirurgien. Il nous
« dit en passant et sans long propos qu'il
« étoit mort pour avoir trop sonné de la
« trompe à la chasse au cerf, qui luy avoit
« tout gasté son pauvre corps, et ne nous en
« dit pas plus. » (1)

L'opération de l'autopsie et de l'embaumement se faisait avec une imposante gravité et d'après un cérémonial obligé.

(1) Brantôme, *Ouv. cit.*, p. 565.

Le roi étant mort, le premier médecin et le premier chirurgien, assistés des médecins et chirurgiens ordinaires, se trouvaient à l'ouverture du corps, ainsi que le grand chambellan, le premier gentilhomme de la chambre, le maître de la garde-robe. Le corps est posé sur une table, couvert d'un grand linceul, et le premier médecin commande aux chirurgiens d'en faire l'ouverture. On dresse procès-verbal et le corps est embaumé par les chirurgiens, puis moulé et exposé dans une chapelle ardente.

Nous trouvons, dans les œuvres de Guillemeau, le procès-verbal en latin de l'autopsie de Charles IX, ce qui complète l'histoire de la maladie. En voici la traduction :

Procès-verbal d'autopsie :

« L'an 1574, la veille des calendes de

juin (1), à quatre heures de l'après-midi, fut faite l'ouverture du corps de Charles IX, roi de France très-chrétien.

« On aperçut et observa ce qui suit :

« Tout le parenchyme du foie se trouve exsangue et desséché, et les extrémités de ses lobes vers leurs parties concaves sont noirâtres.

« La vésicule du fiel est vide, affaissée sur elle-même et un peu noirâtre.

« La rate est sans altération.

« Il en est de même de l'estomac, dont le pylore est dans toute son intégrité.

« L'intestin colon est teint de jaune et d'ailleurs dans son état naturel.

« L'épiploon est d'une mauvaise couleur, desséché, brisé en partie et sans trace de graisse.

(1) Le jour des calendes étant le 1er du mois, la veille des calendes de juin est le 31 mai.

« Les deux reins, la vessie et les uretères sont sains.

« Le cœur est flasque et comme tabide ; le péricarde ne contient pas de sérosité.

« Le poumon gauche est tellement adhérent aux côtes jusqu'aux clavicules, qu'on ne peut l'en détacher sans le rompre et le déchirer : sa substance est toute pourrie. Dans l'intérieur du parenchyme, il s'est formé une vomique dont la rupture fournit un amas de pus de très mauvaise odeur, et en telle quantité qu'il regorgeait par la trachée-artère et avait intercepté la respiration, d'où la mort soudaine du monarque.

« Le poumon droit est sans adhérence, plus volumineux qu'à l'état normal, et rempli dans sa partie supérieure de mucosités écumeuses qui tenaient beaucoup de la purulence.

« Le cerveau est parfaitement sain.

« ONT SIGNÉ : *Médecins présents :* Mazille, Vaterre, Alexis Gaudin, Vigor, Lefebvre, S.-Pont, Pietre, Brigard, Lafille, Duret.

Chirurgiens ayant pratiqué l'embaumement : Paré, d'Amboise, Dubois, Portail, Eustache, Dionneau, Lambert, Cointrel, Guillemeau (1). »

Disons en passant que, à part Duret comme médecin, Ambroise Paré et Guillemeau comme chirurgiens, ces dix-neuf médecins et chirurgiens royaux ne nous sont guère connus, même de nom. A cette époque, la faveur tenait souvent lieu de mérite.

Quant à Portail, il ne nous est connu que

(1) Guillemeau. *Œuvres de Chirurgie*, éd. de Rouen, 1647.

par la fameuse saignée faite à Charles IX, qui était bon prince au demeurant : car aujourd'hui il est peu de médecins qui ne seraient évincés d'une maison pour une petite opération aussi malheureuse.

D'après les symptômes observés, d'après l'autopsie, quoique incomplète, nous pouvons établir que Charles IX a succombé à une *maladie des organes pulmonaires*, en partie méconnue par les médecins qui lui donnaient des soins. A gauche, il y avait pneumonie tuberculeuse du sommet avec pleurésie consécutive, collection purulente considérable résultant de la fonte des lobules, ayant comprimé la trachée-artère, les ganglions bronchiques, et ayant ainsi occasionné les accès de dyspnée et de suffocation. La présence de la collection purulente explique les accès de fièvre pseudo-intermittente, puis la fièvre hectique.

A droite, la phtisie était moins avancée ; les tubercules étaient ramollis dans le sommet du poumon, mais il n'y avait pas de pleurésie. L'augmentation du volume du poumon est un des signes de la pneumonie au second degré, pneumonie qui est secondaire à la présence des tubercules.

Quant à l'*état du foie*, le rapport est trop laconique pour satisfaire un médecin quelque peu anatomiste. Cependant on semble autorisé à y voir une des variétés de la dégénérescence amyloïde qu'on rencontre assez fréquemment dans la phtisie pulmonaire. — Y a-t-il des traces de syphilis tertiaire dont un contemporain accusait le roi d'être infecté? Nous ne le pensons pas, car le rapport ne signale ni les dépressions, ni les cicatrices caractéristiques. A cette époque on ignorait cette lésion anatomo-pathologique ; mais on l'aurait sans doute signalée, sans en comprendre la signification. Que le roi ait eu la syphilis, nous ne le nions pas ; mais la suite de la maladie et l'autopsie n'ont rien révélé à ce sujet.

Quant à la *sueur de sang* signalée par d'Aubigné seul, et passée sous silence par tous les médecins et les historiens du temps, nous croyons qu'elle doit se réduire à un *purpura hemorrhagica*. Non pas que les sueurs de sang ou *hématidroses* ne soient une affection qu'on observe quelquefois, affection rare, il est vrai, qu'on doit rapporter aux sécrétions morbides et placer dans les cadres nosologiques, à côté des hydropisies, des flux muqueux, etc. ; mais si l'on considère que Charles IX était malade depuis huit grands mois, qu'il y avait de grands désordres dans les organes pulmonaires ; si l'on songe à l'influence de la respiration sur la circulation cardiaque et hépatique ; si d'un autre côté on se reporte à l'état de flaccidité, de vacuité dans lequel était le cœur, et à l'état exsangue du foie, on ne tardera pas à être convaincu qu'il y avait anémie profonde, et que ces prétendues sueurs de sang ne doivent être que des taches de *purpura*, qui n'ont été qu'un épiphénomène et n'ont nullement occasionné la mort du roi.

MAISON MÉDICALE (1)

Un état de la maison de Charles IX, en 1572, nous fait connaître les noms des médecins et des chirurgiens de ce monarque ainsi que le chiffre de leurs honoraires : c'étaient :

Jehan Mazille............	1200 livres
Hierosme de Varade.......	800
Jehan Pepin..............	800
Marc Miron..............	800

(1) *Arch. nat.*, KK. 134, f° 35. — Le nom de Louis Duret est omis dans cette liste.

Balthasar Fabry	800 livres
Simon Bellanger	800
Léonar Botal	800
Gerard Drouet	800
Jehan Ferrand	800
Michel Vaterre	800
Alexis Godin	800
Girault Vigor	800
Pierre Lefèvre	400
Jacques Luzière	400
Nicole Legrand	400
Honorat Lechantre	100
Ant. de Fessac	100

CHIRURGIENS :

Ambroise Paré	800
Pierre Aubert	280
Jehan d'Amboise	240
Nicolle Lambert	240

Richard Hubert............ 240
Jehan Lavernot............ 240
Eustache Frippet.......... 240
Du Bois.................. 240

Ajoutons à cette nomenclature :

Nicolas Le Bailleur, renoueur. 300
Jehan Tahureau, id. 240
Ant. Portail, id. 240
Laurent Collot, père et fils, etc. 120

HENRI III

1551-1589

D'après de Thou (1), Henri III était né avec une santé robuste que les excès de sa jeunesse avaient un peu altérée. Il faisait deux repas par jour, mangeait beaucoup, ne buvait que du gros vin coupé avec trois quarts d'eau, régime qui lui avait procuré beaucoup d'embonpoint. Mais comme il faisait quotidiennement un exercice modéré, il se maintenait en bonne santé. Cependant en hiver, il était sujet à des accès de mélancolie dont s'aperce-

(1) De Thou. — *Histoires*, liv. XCVI, p. 671, 677, 678.

vaient seuls les officiers de sa maison : il devenait alors intraitable. On connaît ses débauches avec ses mignons. Il dormait peu, veillait fort tard, se levait de grand matin et travaillait fréquemment avec son chancelier et les quatre secrétaires d'État.

Au mois de juillet 1589, Henri III était au camp de Saint-Cloud, près de Paris, qu'il assiégeait contre les ligueurs, lorsque, le mardi 1er août au matin, il fut blessé mortellement d'un coup de couteau au bas-ventre, par le Dominicain Jacques Clément, le roi étant sur sa chaise d'affaires (1).

Après avoir appliqué le premier appareil de pansement, les chirurgiens firent prendre un remède au roi. Comme il ne rendit pas de sang, ils pensèrent que la faiblesse dans laquelle Henri III était tombé n'était qu'une

(1) Littré, Dict. de la Langue franç., t. I, p. 64.

syncope, que les intestins n'étaient pas lésés et que la blessure n'était pas mortelle.

Deux heures après sa blessure, Henri III écrivit la lettre suivante à la reine :

« A St-Cloud, 1er jour d'aoust 1583.

..... « Après avoir salué et baillé des lettres fausses dudit premier Président, feignant à avoir à me dire quelque chose de secret, j'ay faict retirer le dict sieur de Bellegarde et mon procureur général ; lors ce méchant et malheureux m'a donné cinq coups de couteau, pensant me tuer ; mais Dieu qui est le protecteur des Rois et qui n'a pas voulu que son très humble serviteur perdist la vie sous la révérence qu'il apporte d'habit de ceulz qui se disent vouez à son service, me l'a conservée par sa saincte grâce et tellement destourné le coup que, grâce à Dieu, ce n'est rien et que j'espère dans peu de jours conserver ma santé tant par le sentiment que j'en ay moi-mesme que par l'assurance que m'en ont donnée les médecins et chirurgiens qui m'ont pansé et recogneu n'y avoir auscung danger dont j'ay bien voulu vous avertir aussitost, afin que vous ne soyez point en peine pour les bruits que l'on pourra faire courir au contraire...» (1)

La blessure n'avait pas paru dangereuse et les chirurgiens avaient annoncé qu'au bout de dix jours le roi monterait à cheval.

D'un autre côté, il est dit que « Portail, son premier chirurgien (2), lequel sondant sa playe, comme il estoit fort expérimenté, mais d'un esprit prompt, ne put s'empescher de dire, en latin, à un de ses compagnons nommé

---

(1) Berthevin. *Rech. historiques sur les derniers jours des rois de France.* Paris, 1825, in-8º, p. 82.
(2) *Mém. du Duc d'Angoulême.* Coll. Michaud et Poujoulat, t. XI, p. 65.

Pigré et au médecin Le Febvre, qu'il croyoit que le boyau estoit percé. Ils résolurent que lui falloit un lavement..... il ne le rendit qu'à moitié, le reste s'estant estendu dans le ventre par la fente qui estoit faite à l'intestin. »

Le coup avait été porté au matin; la journée se passa dans une grande faiblesse, mais le soir une fièvre très forte se déclara, accompagnée de syncopes fréquentes, de nausées, d'une soif vive et de douleurs violentes, qui se terminèrent par la mort, dans la nuit du mardi au mercredi, vers trois heures du matin, après dix-huit heures de souffrances. Le roi était âgé de 38 ans, dix mois et treize jours (1).

Du mariage d'Henri III avec Louise de Lorraine, il n'était né aucun enfant.

(1) *Minute originale du procès-verbal de la mort d'Henri III*, Bibl. nat., Manusc. Supp. fr. 10196. — *Ibid.*, Ms. 10339. — ND. 203. — Voir : L'Estoile, *Journal des choses mémorables survenues au règne d'Henri III*.

Son autopsie fut faite avec le cérémonial accoutumé.

Procès-verbal d'autopsie :

« Nous soussignez, conseillers, médecins et chirurgiens ordinaires du Roy, certifions que le jour d'hier, mercredy 2 de ce présent mois d'aoust 1589, environ les dix heures de nuit, suivant l'ordonnance de M. le grand prévost de France et hostel du Roy, nous avons veu et diligemment visité le corps mort de défunt de très heureuse mémoire et très chrétienne Henry III, vivant Roy de France et de Pologne ; lequel étoit décédé le même jour environ les trois heures après midy, à cause de la playe qu'il receut de la pointe d'un couteau au ventre inférieur au dessous du nombril, partie dextre, le mardy précédent sur les huit ou neuf heures du matin, et à raison des accidens qui survinrent à Sa Majesté tres chrétienne tost aprez icelle playe receue, de laquelle et accidens sus dits nous avons fait plus ample raport à justice.

« Et pour avoir plus ample cognoissance de la profondeur de la dite playe et des parties inférieures offenseez, nous avons faict ouverture du dit ventre inférieur avec la poitrine et teste. Après diligente visitation de toutes les parties contenues au ventre inférieur, nous avons trouvé une portion de l'intestin grêle nommé iléon, percé d'outre en outre selon la largeur du couteau, de la grandeur d'un pied, qui nous a été représenté saigneux plus de quatre doigts, revenant à l'endroit de la playe extérieure, et profondant plus avant, ayant vuidé une très grande quantité de sang épandu par cette capacité, avec gros thrombus ou caillots de sang : nous avons aussi veu le mésentere percé en deux divers lieux, avec incision des veines et arteres.

« Toutes les parties nobles, les naturelles et animales contenues en la poitrine, bien disposées et suivant l'aage bien tempérées, et sans aulcune lésion ni vice, excepté que toutes les sus dites parties (comme aussy les veines et arteres tant grosses que petites) étoient exsangues et vuides de sang, lequel étoit très abondamment sorti hors par ces playes internes, principalement du mésentère, et retenu dedans la dite capacité comme en un lieu étrange et contre nature : à raison de quoy la mort de nécessité, et en l'espace d'environ dix-huict heures, est advenue à Sa Majesté très chrétienne, étant précédée de très fréquentes foiblesses et douleurs extremes, suffocation, nausées, fiebvre continue, altération, soif inaltérable, avec très grandes inquiétudes : lesquelles indispositions commencèrent un peu aprez le coup donné, et continuèrent ordinairement jusqu'au parfait et final syncope de la mort, laquelle pour les raisons et accidens susdits, quelque diligence qu'on y eut pu apporter, étoit inévitable.

« Fait sous nos seings manuels, au camp de Saint-Cloud, près Paris, le jeudi matin, 3ᵉ d'aoust 1589.

« *Les médecins qui ont assisté :*

Signé : Lefebvre, Dortoman, Regnard, Heroard.

« *Les chirurgiens qui l'ont embaumé :*

Signé : Portail, Lavernot, d'Amboise, Vaudelon, Legendre (1).

MAISON MÉDICALE

MÉDECINS SERVANTS

Maistre Marc Miron, premier   400 écus d'or.

---

(1) Guillemeau, *ouv. cit.*, p. 857.
Voir Bibl. nat., Mss. Fonds, fr. 26,158.

Maistre Jehan Pepin ou Jehan
    Dufour, son gendre..   266 écus d'or 2/3
— René Vigois........   id.
— Jehan Regnard.....   id.
— Jehan Lenayn......   id.

AUTRES MÉDECINS QUE SA MAJESTÉ RETIENT
SANS SERVIR

— Hiérosme de Varrade.   id.
— Regnault Vigor.....   id.
— Jacques Le Roy....   id.
— Michel Vaterre.....   id.

APOTHICAIRES

François Pelletier........   133 écus 1/3.
René Truchon...........   id.

CHIRURGIENS, VALETS DE CHAMBRE

Maistre Ambroise Paré, pre-
    mier...........   266 écus d'or 2/3

Maistre Nicolas Lebailleul,
    renoueur....... 100 écus.
— Jehan d'Amboise ou
    Jacques, son fils. 93 écus.
— Ysmael Lambert... 80 —
— Jehan de Laverneau. 100 —
— Jacques Guillemeau 80 —
— Pierre Pigré...... 80 —
— Anthoine Portail... 80 —
— Jehan Tabureau, re-
    noueur.......... 80 —

BARBIERS, VALETS DE CHAMBRE

Jehan de Précontat, premier 100 écus.
Cosme Foubert, ordinaire.. 100 —
Henry Foubert.......... 80 —

AUTRES MÉDECINS SANS GAGES

Maistre Pierre Lefebvre.
— Jacques Lugerie.

Maistre Pierre Laffilé.
— Christofle Hubert.
— François Brigard.
— Antoine de Fessac.
— Loys Duret.
— Benoist Grandis.
— Symon Piètre.
— Martin Acaquia (Akakia).

APOTHICAIRE

Maistre Benoist Daigues.

CHIRURGIENS

Maistre Collet (Colot) Laurent.
— Nicolas Desneus.
— Hiérosme Delanoue.
— Edme Gouard.
— Nicolas Le Bailleul, jeune, renoueur (1).

(1) Arch. nat. KK. 139, f°⁸ 16, 42, v°.

BARBIERS

Michel Bidault.
Antoine Legrand.
Vaugeois.

Voilà donc deux générations éteintes en soixante-quatorze ans (1515-1589), bien que le nombre des enfants du père et des fils ait été considérable. Voilà une série de princes et de princesses mourant à la fleur de l'âge, les uns scrofuleux, les autres phtisiques ; une seule fait exception, c'est Marguerite de Valois, première femme d'Henri IV, qui mourut âgée de 62 ans. Quel était le germe de mort qui a envahi toute cette race ?

La transformation des diathèses par l'hérédité est une question qui a été souvent traitée et sur laquelle tous les pathologistes ne sont pas d'accord.

Les diathèses ne se transmettent pas toutes, en nature, des parents aux enfants : elles évoluent, c'est un fait incontestable. Mais toutes les diathèses ne peuvent se transformer les unes dans les autres : ainsi la syphilis ne se transforme pas en cancer, et nous ne trouvons aucun cancéreux dans la famille des Valois ; la scrofule ne se transforme pas en rhumatisme. Mais on est autorisé à croire qu'en passant des parents aux enfants la syphilis peut se changer en scrofules ; et ce qui légitime en quelque sorte cette manière de voir, c'est la similitude des manifestations de ces deux diathèses, affectant les mêmes tissus, produisant des lésions ayant entre elles beaucoup d'analogie, au point de se confondre quelquefois. Ce n'est pas à dire toutefois que la syphilis se soit assise avec les Valois sur le trône de France, comme on s'est plu à le répéter sans preuves authentiques pour François Ier.

En résumé, on a fait une part trop large au poison et au merveilleux dans toutes ces morts royales ou princières. Il y a une loi de pathologie générale devant laquelle tous doivent s'incliner, princes ou vilains : cette loi c'est l'hérédité morbide, plus sûre dans les coups qu'elle porte que l'hérédité dynastique dans les couronnes qu'elle décerne. Excès ou fatigues chez ceux-ci, débauches chez ceux-là, alliances consanguines chez les autres, voilà les grands agents de destruction des familles princières ou bourgeoises; voilà l'enseignement que nous donne l'histoire de notre pays depuis trois siècles; voilà l'une des applications politiques des grandes lois de la pathologie générale.

LES BOURBONS

HENRI IV

1589-1610

Né au château de Pau le 13 décembre 1553, roi de France depuis 1589, Henri IV s'apprêtait à porter un dernier coup à la redoutable maison d'Autriche. Il allait se mettre à la tête de son armée et son départ était fixé au mercredi 19 mai 1610. Mais avant de quitter Paris, il avait lui-même réglé les cérémonies du sacre et du couronnement de la reine Marie de Médicis, qui eurent lieu à Saint-Denis, le jeudi 13 mai.

Il avait ainsi disposé le temps qui lui restait à passer à Paris : « Vendredy, mettre ordre à ses affaires; samedy, courir; dimanche, l'entrée de la reine; lundy, les noces de sa fille de Vendôme; mardy, festin; mercredy, à cheval. »

Le vendredi 14 mai 1610, le Roi s'occupa dans la matinée des affaires de l'État, alla entendre la messe dans l'église des Feuillants et revint dîner au Louvre. Après le repas, il fit demander son carrosse pour sortir, et embrassa plusieurs fois la reine. La chaleur était forte, on prit un carrosse ouvert. Il y monta avec les ducs d'Épernon, de Montbazon et cinq autres seigneurs. Il occupait le fond de la voiture à gauche ; à sa droite était d'Épernon; à la portière de son côté le duc de Montbazon, qui le touchait, et le marquis de la Force ; à l'autre portière étaient le comte de Roquelaure et le maréchal de Lavardin; sur le devant se tenaient le marquis de Mirebeau et le premier écuyer de Liancourt.

Chemin faisant, il donna ordre de le conduire à l'Arsenal où il voulait voir Sully qui était malade. Son escorte était peu nombreuse,

7	8
5	6
3	4
1	2

1. Henri IV.
2. Duc d'Épernon.
3. Duc de Montbazon.
4. Comte de Roquelaure.
5. Marquis de la Force.
6. Maréchal de Lavardin.
7. Marquis de Mirebeau.
8. De Liancourt.

elle se composait de quelques valets de pied, qui marchaient à droite et à gauche et d'un petit nombre de gentilshommes à cheval qui suivaient. Deux charrettes se rencontrent avec le carrosse royal au point de jonction des rues Saint-Honoré et de la Ferronnerie. La rue était tellement étroite à cet endroit que le carrosse dut raser les boutiques des marchands de ferraille adossées au mur du cimetière des Innocents et que les valets furent obligés de passer par le cimetière. En ce moment, le Roi qui avait à parler à d'Épernon, placé à sa droite, se pencha vers lui ; il avait la main gauche posée sur l'épaule de Montbazon, qui par discrétion détourna la tête, ce qui mettait à découvert tout le flanc gauche du Roi. C'est alors que se glissant entre les boutiques sans être vu de personne, Ravaillac met le pied sur la roue du côté gauche, se cramponne au carrosse d'une main et de l'autre enfonce deux fois, coup sur coup, un long couteau dans le côté gauche du Roi. Henri IV pousse un cri, il dit qu'il est blessé, puis que ce n'est rien. D'Épernon le soutient, un flot de sang s'écoule par la bouche ; le Roi était mort. On ferme le carrosse et on ramène au Louvre le monarque assassiné. Il était environ trois heures de l'après-midi : Henri était âgé de 56 ans 5 mois et un jour (1).

(1) Biblioth. nation. Voir aux Manuscrits, n° 23351, l'interrogatoire de Ravaillac, ancien fonds Saint-Victor, 416.

L'autopsie fut faite le lendemain ; le corps fut embaumé et le cœur porté dans l'église du couvent des Jésuites de la Flèche, aujourd'hui le Prytanée militaire.

Le 18 mai, les entrailles furent portées solennellement à Saint-Denis ; le corps fut exposé pendant dix-huit jours au Louvre, puis enfermé dans un cercueil recouvert d'un drap de velours noir avec croix de satin blanc aux armes de France et de Navarre. Le 29 juin, les funérailles eurent lieu à Paris et le corps fut porté à Saint-Denis, d'où il fut exhumé le samedi 12 octobre 1793 et trouvé en parfait état de conservation (1).

Procès-verbal d'autopsie.

« Rapport de l'ouverture du corps du roy
« deffunct, Henry-le-Grand, IV de ce nom,

(1) Georges d'Heilly. — *Extraction des cercueils royaux à St.-Denis, en 1793*, p. 98.

« roy de France, qui a esté faicte le quinzies-
« me jour de may, en l'an mil six cens dix, à
« quatre heures du soir ; ayant esté blessé le
« jour précédent d'un cousteau, estant dans
« son carrosse, dont il seroit décédé inconti-
« nent, après avoir dit quelques parolles et
« jetté le sang par la bouche.

« S'est trouvé par les médecins et chirur-
« giens soussignez ce qui suit :

« Une playe au costé gauche, entre l'aissel-
« le et la mammelle, sur la deuxiesme et troi-
« siesme coste d'en haut, d'entrée du travers
« d'un doigt, coulant sur le muscle pectoral
« vers ladite mammelle, de la longueur de
« quatre doigts, sans pénétrer au dedans de la
« poitrine.

« L'autre playe au plus bas lieu, entre la
« 5ᵉ et 6ᵉ coste au milieu du mesme costé,
« d'entrée de deux travers de doigts, pénétrant
« la poitrine, et perçant l'un des lobes du pou-

« mon gauche, et de là coupant le tronc de
« l'artère veineuse, à y mettre le petit doigt,
« un peu au-dessus de l'oreille gauche du
« cœur : de cet endroit, l'un et l'autre poumon
« a tiré le sang, qu'il a jetté à flots par la
« bouche, et du surplus se sont tellement rem-
« plis, qu'ils s'en sont trouvé tout noirs comme
« d'une echimose.

« Il s'est trouvé aussi quantité de sang caillé
« en la cavité de la dite poitrine, et quelque
« peu au ventricule droit du cœur ; lequel, en-
« semble les grands vaisseaux qui en sortent,
« étoient tous affaissez de l'évacuation ; et la
« veine-cave, au droit du coup, fort près du
« cœur, a paru noircie de la contusion faite par
« la pointe du couteau.

« Par quoi tous ont jugé que cette playe
« étoit seule et nécessaire cause de sa mort.

« Toutes les autres parties du corps se sont
« trouvées fort entières et saines, comme tout

« le corps étoit de très bonne température et
« de très belle structure.

« Fait à Paris les jour et an que dessus.

« *Médecins du Roy :*

« A. Petit, A. Milon, De Lorme, Regnard, Héroard, Lemaistre, Falaiseau, De Maïerne, Hubert, Lemirrhe, Carré, Aubéri, Yvelin, Delorme le jeune, Hautin, Pena, Lusson, Seguin.

« *Chirurgiens du Roy :*

« Martel, Pigray, Guillemeau, Regnaud, Gardé, Philippes, Jarvet, Delanoue, Joubard, Bérart, Bachelier, Robillard (1). »

MAISON MÉDICALE

La maison médicale d'Henri IV était montée sur un pied que maison royale n'avait encore vu.

(1) Guillemeau, *Ouv. cité*, p. 859.

Soixante-cinq médecins, chirurgiens, barbiers, renoueurs, oculistes, etc., ont été attachés à la personne du roi, depuis 1589 jusqu'en 1610 (1).

Voici, d'après une pièce des Archives nationales, l'état des comptes du personnel de sa maison médicale en 1593 (2).

PREMIER MÉDECIN

M° Jehan Ailleboust............ 400 écus.

MÉDECINS ORDINAIRES

M° Dortoman......................
    Du Jou....................
    Du Laurens................
    Jehan De Lorme............

---

(1) Chéreau, *Les médecins de Henri IV*, Union médicale, 1834, n°˚ 49, 50, 51.
(2) Arch. Nat., K K. 150 f°˚ 14, 15.

AUTRES MÉDECINS SERVANT PAR QUARTIER

Janvier, février, mars

Mᵉ Jehan Regnard....	266 éc.	2 s. tour	(1).
Jehan Heroard....	266	2	—

April, may et juing

Mᵉ Jacque Le Roy....	266 éc.	2 s. tour.	
Pierre de Renperoux	266	2 s. tour.	

Juillet, aoust, septembre

Mᵉ Le Tellier........	266 éc.	2 s. tour.	
Pierre Bertrand...	266	2	—

Octobre, novembre, décembre

Mᵉ Estienne Dufour...	266 éc.	2 s. tour.	
Pierre Caillard...	266	2	—

---

(1) Je crois qu'il faut lire 1 tiers, 2 tiers, au lieu de 1 sol tournois, 2 sols tournois.

AUTRES MÉDECINS QUI N'ONT PAS DE QUARTIER

Me Claude Cabannes..   100 écus
     Claude Maillard...   166 éc. 2 s. tour.

APOTHICAIRES QUI SERVIRONT SIX MOIS ET
ENTRETIENDRONT LEUR CHARIOT

Janvier et apvril

Francois Pelletier.....   333 éc. 1 s. tour.
Raimond La Livre.....   333   1   —

Juillet et octobre

François des Bonshommes.   333 éc. 1 s. tour.
René Truchon..........   333   1   —

APOTHICAIRE DISTILLATEUR QUI N'EST POINT OBLIGÉ
A L'ENTRETAINEMENT DU CHARIOT

Thomas Guenault........   200 écus.

PREMIER CHIRURGIEN

Me Anthoine Portail.....   350 écus.

ORDINAIRE

Mᵒ Pierre Pigray....... 333 éc. 1 s. tour.

AUTRE CHIRURGIEN SERVANT PAR QUARTIER

Janvier, février et mars

Mᵉ Pierre Legendre...... 100 écus.
Théodore Guichardière 100

Apvril, may et juin

Messire Jehan Lavernot... 100 écus.
— Nicolas Pouget... 100 —

Juillet, aoust, septembre

Mᵉ Jacques d'Amboise.... 100 écus.
Guillaume Loyseau... 120 —

Octobre, novembre et décembre

Mᵉ François Martel...... 100 écus.
Jacques Guillemeau... 100 —

AUTRES CHIRURGIENS SANS QUARTIER

M° Fabien Gardet....... 100 écus.

RENOUEURS SERVANT SIX MOIS

Janvier et apvril

M° Nicolas Le Bailleul... 100 écus.

Juillet et octobre

Mᵉ Jehan Tahureau...... 100 écus.

BARBIERS, VALLETS DE CHAMBRE ORDINAIRES

Pierre Legendre......... 100 écus.
Cosme Foubert.......... 100 —
Henry Foubert.......... 100 —

BARBIERS DE LA CHAMBRE SERVANT SIX MOIS

François Lyon........... 100 écus.
Jozias Mortras........... 100 —

Voir : Le Paulmier, *Ambroise Paré*, p. 383.

LOUIS XIII

1610-1643

Henri IV laissait en mourant une veuve, Marie de Médicis, dont il avait eu six enfants, trois garçons et trois filles, savoir :

Louis XIII, né en 1601 ;

Élisabeth de France, née le 22 novembre 1602 ;

Christine de France, née le 10 février 1606 ;

Duc d'Orléans, né le 16 avril 1607 ;

Gaston d'Orléans, né en 1608 ;

Henriette Marie, née le 25 novembre 1609 ;

Il avait eu huit bâtards.

Louis XIII est né à Fontainebleau le 27 septembre 1601. La respiration ne s'établissait pas facilement. La sage-femme, Louise Bourgeois, dame Boursier, qui accoucha la reine, nous raconte (1) qu'elle dut jeter du vin au visage de l'enfant, après en avoir toutefois demandé la permission au roi qui lui dit de faire comme chez les autres femmes. Le chirurgien Guillemeau fit avaler une petite cuillerée de vin au nouveau-né ; on lui lava le corps et la tête avec du vin vermeil et de l'huile ; il poussa un cri et respira.

Son enfance n'eut rien de remarquable au point de vue qui nous intéresse. C'était un

(1) Coll. Michaud et Poujoulat, XI, 1ʳᵉ série. *Les six couches de Marie de Médicis*..., racontées par Louise Bourgeois, dite Boursier, Ed. Chéreau, 1875, in-18º. — Nous avons vu chez le Dʳ Payen une pièce en parchemin signée du roi Henri IV par laquelle il donnait ordre de payer « à Louise Bourgeois, femme de Martin Boursier... la somme de cinq cens escus sol pour avoir servy de sage femme à la Reyne. »

« enfant grand de corps, gros d'ossements,
« fort musculeux, bien nourri, fort poli, de
« couleur rougeastre et vigoureux, tout ce que
« l'on peut penser pour cette petite âge. Il
« avait la tête bien formée, de bonne grosseur,
« couverte de poil noirastre, les yeux tannés,
« le nez un peu enfoncé vers sa racine, épaté et
« relevé par le bout, les oreilles de moyenne
« grandeur et bordées.... (1). » Il avait eu
quatre nourrices en moins de quatre mois, les
mettait presque à sec, fut opéré du filet par le
chirurgien Guillemeau, souffrit pour la première
fois des dents la nuit du 13 avril 1602, et fut
sevré à quatorze mois, en novembre de la même
année. Au moral, c'était un enfant volontaire,
capricieux, opiniâtre, d'un esprit remuant et
actif, tombant quelquefois dans des accès de
rêverie mélancolique. Il avait le sommeil fré-

(1) *Journal d'Héroard*, Bibl. Nat. Mss 4022 à 4027.

quemment agité par des cauchemars qui allaient quelquefois jusqu'au somnambulisme. Il fut élevé d'une façon assez singulière et on ne lui ménageait pas la punition corporelle, car il reçut très souvent le fouet, même étant roi de France. Quand des mains des femmes il passa entre celles des hommes, il eut pour gouverneur de Souvré et pour ami le jeune de Luynes qui avait vingt-trois ans de plus que lui ; mais personne ne paraît l'avoir plus aimé que son médecin Héroard. Il travaillait peu, s'occupait de ses oiseaux, savait faire, d'après Tallemand des Réaux, des canons de cuivre, des lacets, des filets, des arquebuses, de la monnaie, des confitures.

Il s'entendait au jardinage, savait parfaitement raser, à tel point qu'un jour il coupa la barbe à tous ses officiers et ne leur laissa qu'une barbiche au menton. On fit une chanson à ce sujet. Enfin il composait en musique, peignait un peu et faisait des châssis avec M. de Noyers. Voilà bien des qualités pour un prince qui devait régner sur la France! C'est que ceux qui l'élevaient ainsi y trouvaient leur profit.

Quand Louis XIII fut majeur, c'est-à-dire à quatorze ans, on le maria, le 25 novembre 1615, à l'infante d'Espagne, Anne d'Autriche, fille de Philippe III. La cérémonie religieuse eut lieu à Bordeaux et le soir on fit coucher les deux enfants dans le même lit, « mais pour la forme seulement », car les deux nourrices restèrent dans la chambre des mariés.

Le lundi 31 octobre 1616, Louis XIII fut sérieusement malade ; il perdit connaissance, eut une convulsion et fut saigné le lendemain pour la première fois par Ménard, chirurgien de la reine-mère. C'est, d'après Bassompierre, au mois de février 1619 que remontent les premiers rapports de Louis XIII avec sa jeune épouse. Il avait dix-huit ans. Le roi y aurait apporté sa timidité habituelle, au grand mécontentement de la reine (1).

Voici comment le médecin Héroard raconte cette entrevue dans son journal.

— « Le 25 *vendredi*. — Mis au lit, prié
« Dieu. A onze heures ou environ, sans qu'il y
« pensât, M. de Luynes vient pour le persuader
« de coucher avec la reine. Il résiste fort et
« ferme, par effort, jusques aux larmes, y est
« emporté, couché, s'efforce deux fois, comme
« l'on dit, *hæc omnia nec inscio*. A deux
« heures il revient ; dévestu, mis au lit ; il
« s'endort jusqu'à neuf heures du matin. »
Arnaud d'Andilly dans son journal dit que de Luynes porta le roi dans ses bras, que de Bérenghem portait le flambeau, que Stéphanille, femme de chambre espagnole, sortit alors de

(1) Voyez ; *Le roi chez la reine, ou Histoire du mariage de Louis XIII*, par Armand Baschet, 1866, in-12.

la chambre de la reine, mais que madame de Bellelièvre, première femme de chambre de la reine, resta seule.

Cependant en 1622 Anne devint grosse ; mais le mercredi 16 avril elle fit une fausse couche de six semaines, sans doute à cause de son inexpérience et par suite d'une chute que lui fit faire sa jeune amie, la légère et turbulente duchesse de Luynes.

Dur, brusque, mélancolique, ombrageux, timide à l'excès, Louis XIII fut cependant, dès le commencement de son mariage, circonvenu par la jeune duchesse de Luynes. N'ayant pas réussi, elle s'en vengea en inspirant à la reine l'amour des plaisirs. C'est à cette époque que se rattachent les assiduités de l'ambassadeur Buckingham. Naturellement le roi devint jaloux, bien que ces assiduités ne fussent que de la galanterie.

Le roi était peu enclin aux plaisirs de l'amour. C'était un mari sévère, pieux, prodigue, incapable à tel point de désirs criminels « qu'il pouvait même se passer des plaisirs permis » (1). On disait alors qu'il n'était amoureux que depuis la ceinture jusqu'en haut. Ses assiduités auprès de Marie de Hautefort et de Louise de Lafayette étaient de l'amour platonique. Néanmoins, cette dernière, jeune et rieuse fille de dix-sept ans, craignant de succomber, alla s'enfermer au couvent de la Visitation.

Cependant cette froideur du roi ne laissa pas que de donner de graves inquiétudes et de grandes préoccupations dynastiques. Anne d'Autriche, paraît-il, aurait songé à faire déclarer nul son mariage, à faire détrôner le roi et à épouser son frère Gaston d'Orléans. C'est ce qui transpira lors du procès de Henry de Talleyrand, marquis de Chalais, qui fut exécuté

(1) Bazin, *Histoire de Louis XIII*, t. II, p. 441.

en 1626. C'est Richelieu qui s'y serait opposé, et pour cause.

Le mardi 6 juillet 1627, au moment où il se disposait à partir pour l'expédition contre la Rochelle, Louis XIII tombe malade. Il a une fièvre intense, avec frissons, claquements de dents. Les médecins ne furent pas tout à fait d'accord sur la nature de la maladie ; mais la fièvre continuant, le malade fut saigné le 20 juillet par le chirurgien Boutin. Le 1er août la fièvre continuait avec les stades de frisson, chaleur et sueurs ; on prescrivit des eaux purgatives, des demi-bains. Le 19 août, un point de côté se déclare à *gauche*, saignée de 6 onces le 21. Le 31 la fièvre a disparu.

En 1628, au camp d'Aytré, devant la Rochelle, nouvelle maladie du roi, pour laquelle on mande en hâte son vieux médecin Héroard ; une saignée fut ordonnée et le roi se rétablit.

Au commencement de juillet 1630, lors de

la guerre de Savoie, le roi, parti pour la campagne, tombe malade à Saint-Jean-de-Maurienne. Il a la fièvre, on le saigne le 5, on le purge le 13 ; le 19 la fièvre est plus forte ; le 25 il est mieux et quitte Saint-Jean-de-Maurienne. On ne savait pas trop ce qu'il avait, quand, le 21 août, on trouva que c'était un abcès qui s'était ouvert par le bas (1).

Malgré cette évacuation, la santé du roi était toujours chancelante. Au mois de septembre de la même année, nouvelle indisposition. Le roi éprouvait depuis quelque temps des accès de fièvre ; mais le 25, la fièvre fut tellement violente et le malade tellement abattu, qu'on commença à désespérer de lui. Le 27 on le croyait perdu ; mais le 1ᵉʳ octobre la fièvre diminua et l'amélioration fut prompte.

En 1637, au mois de décembre, la reine

(1) Bassompierre, *Mém.* p. 319.

devint enfin grosse. Comment cela se passa-t-il ?

Madame de Motteville raconte dans ses Mémoires que Louis XIII était demeuré tard au couvent de la Visitation, auprès de mademoiselle de Lafayette, sa favorite. Le temps fort mauvais l'empêchant d'aller à Saint-Germain, il se retira au Louvre, et n'y trouvant pas d'autre lit que celui de la reine, il fut obligé de le partager avec elle.

Voilà qui est peu vraisemblable.

Dreux du Radier (1) va plus loin encore, car il prétend qu'il y avait besoin pour la reine de faire légitimer une grossesse illégitime. Quoi qu'il en soit, les rapprochements avaient eu lieu et Louis XIII allait avoir un héritier.

---

(1) Dreux du Radier. *Anecdotes des reines et régentes*, VI, p. 279, 34.
Détails sur la consommation du mariage de Louis XIII. (*Revue rétrospective*, par Taschereau, t. II.)

La reine, après une stérilité de seize ans, accoucha le 5 septembre 1638, à Saint-Germain, d'un fils qui fut Louis XIV.

Au commencement de 1640, le roi eut un accès violent de goutte qui le força de garder le lit. Il en avait eu déjà quelques accès. Il prit goût à la paternité, car cette même année Anne d'Autriche accoucha du duc d'Anjou, qui fut plus tard le duc d'Orléans.

Mais en 1643 la santé du roi déclina. Cependant celui-là avait de bons antécédents de famille, car son père est mort accidentellement à cinquante-trois ans ; sa mère Marie de Médicis à soixante-neuf ; son frère d'Orléans à quatre ans ; son frère Gaston d'Orléans à cinquante-deux ans ; sa sœur Élisabeth, femme de Philippe IV, à quarante-deux ans ; sa sœur Christine, femme de Victor-Amédée de Savoie, à cinquante-huit ; et sa sœur Henriette, veuve de

Charles 1ᵉʳ d'Angleterre, à soixante ans. En outre, sa vie avait été régulière : il ignorait les excès, les fatigues ; le principal reproche qu'on puisse lui faire, c'est de manger un peu trop. Il régnait, mais c'est Richelieu qui gouvernait et portait tout le poids du trône et des affaires.

Le samedi 21 février 1643, le roi tomba malade, à Saint-Germain, avec « flux hépatique » (1).

Jusqu'à la fin du mois l'état est le même.

1ᵉʳ avril. — Le malade reste levé toute la journée et s'amuse à peindre quelques petits dessins.

3 avril. — Il se promène un peu, est obligé de s'asseoir tous les quinze ou vingt pas. Ce fut sa dernière promenade.

19 avril. — Moins bien : il dit qu'il sent la gravité de son mal.

(1) *Mém. de Dubois*, coll. Michaud et Poujoulat. 1ʳᵉ série, t. XI, p. 329.

20 *avril*, *lundi*. — La maladie du roi ayant un caractère sérieux, le premier médecin, Bouvard, et les médecins ordinaires, Chicot, Vautier (1) et Conrad, demandent en consultation Michel Delavigne, doyen de la Faculté de Paris, et René Moreau, son collègue. Le malade a déjà maigri considérablement ; il a une petite toux sèche, avec redoublements fébriles quotidiens, d'abord vers dix ou onze heures du matin, puis vers deux heures de l'après-midi. Selles abondantes, bilieuses, purulentes et fétides. — Les médecins ont reconnu le danger de la maladie qu'ils appellent *flux hépatique* et *fièvre éthique*. Le roi fait déclarer la reine régente.

21 *avril*. — Mauvaise nuit : évacuations

---

(1) Vautier était médecin de la reine.
Fragments du journal de la maladie et de la mort de Louis XIII, par Antoine, garçon de la chambre du roy, transcrits sur le manuscrit de la Bibliothèque de la ville de Saint-Germain-en-Laye, par A. Cramail, Fontainebleau, 1880, in-8 de 48 p.

nombreuses. On fait baptiser le dauphin Louis (XIV).

22 *avril*. — Mauvaise nuit.

23 *avril*.— Même état : le roi est administré à six heures et demie du matin.

24 *avril*. — Un peu d'amélioration : on prescrit une prise de rhubarbe que le malade refuse de prendre : il se contente de gelées ; un peu mieux le soir.

25 *avril*. — Un peu de mieux : bonne journée.

26 *avril*. — Assez bien.

27 *avril*. — Mauvaise nuit.

29 *avril*. — Mieux.

30 *avril*. — Assez bien.

1er *mai*. — Mauvaise nuit, mauvaise journée.

2 *mai*. — Mal.

4 *mai*. — Même état.

5 *mai*. — La fièvre redouble chaque jour vers deux heures : insomnie ; pas de rêvasse-

ries. Se fait faire la lecture par son médecin Chicot.

6 *mai*. — Très mal.

7 *mai*. — Toutes les parties du corps sont douloureuses. Bouvard reste auprès du roi.

8 *mai*. — Très mal : le malade parle difficilement ; il ne prend rien : le soir, vomissements bilieux, abondants.

9 *mai*. — Très mauvaise journée. A neuf heures du soir, assoupissement. Comme beaucoup de malades, Louis XIII s'en prit à son médecin Bouvard. « C'est par votre ignorance, lui dit-il, l'état où je suis, après de m'avoir accablé de remèdes qui m'ont remis le corps tant en santé qu'en maladie. J'avoue que j'ai eu le malheur des grands de m'être confié à la conduite et l'ignorance des médecins et au hasard de leurs remèdes qui m'ont réduit en l'état où je suis, quoique je les aie accablés de mes bienfaits pour me défaire

de l'importunité ordinaire aux médecins (1). »

10 *mai*, *dimanche*. — Très mal. On voulut faire prendre au malade un peu de gelée fondue, à l'aide d'un vase à bec recourbé. Vers quatre heures, il sommeille, la bouche et les yeux entr'oùverts. Vers six heures, il s'éveille en sursaut et dit qu'il vient de rêver que le duc d'Enghien a remporté une victoire sur les Espagnols. A dix heures, assoupissement et refroidissement notable. De trois à quatre heures du matin, il se plaint d'une douleur très-violente au côté gauche. On lui applique sur le point douloureux une vessie de porc pleine de lait chaud. La douleur diminue d'intensité, mais s'étend davantage. Vomissements.

11 *mai*. — Très mauvaise journée ; douleurs vives, toux fatigante. Pour boissons : orge mondé, petit-lait. La toux cesse un peu, le

---

(1) Antoine, *ouvr. cit.*, p. 31.

sommeil revient, mais bientôt les douleurs abdominales reparaissent plus intenses.

12 *mai*. — Mal ; le roi communie.

13 *mai*. — Très mauvaise journée. Selles purulentes, extrêmement fétides, nauséabondes. Le soir, rêvasseries, paroles entrecoupées, mussitation. A deux heures du matin, il retombe dans l'assoupissement.

14 *mai* — Syncope. Le malade demande à Bouvard si le moment de la mort est proche.— « Sire, répond le premier médecin, je crois que ce sera bientôt que Dieu délivrera Votre Majesté ; je ne retrouve plus de pouls. » — L'agonie commence bientôt ; hoquets éloignés. A deux heures trois quarts, le jeudi, jour de l'Ascension, le roi rend le dernier soupir à Saint-Germain, trente-trois ans après son père Henri IV, le même jour (14 mai) et presque à la même heure.

Il était âgé de quarante-deux ans.

Le lendemain 15 mai, on procéda à l'autopsie. Le corps fut placé sur une table dans la galerie. Deux bassins furent déposés sur le billard pour recevoir, l'un les entrailles, l'autre le foie, la rate et le cœur. Les chirurgiens procédèrent à l'ouverture et le procès-verbal fut rédigé en assez mauvais latin.

Ce n'est pas aux historiens contemporains qu'il faut demander ce procès-verbal, car il n'est pas imprimé. On le trouve manuscrit, au volume XIII, f° 173, des *Commentaires de la Faculté de médecine de Paris*, volumineux manuscrits in f° reliés en parchemin qui contiennent toute l'histoire de la Faculté de Paris depuis 1395 et qui sont aux Archives de la Faculté de médecine. Ces *Commentaires*, rédigés par les soins des doyens, contiennent tous les faits qui intéressent la corporation, les notes des examens, des dépenses, etc., etc.

Procès-verbal d'autopsie.

« Le jour suivant, à la sixième heure du matin, le corps du roi défunt fut ouvert en présence de sérénissime prince Monseigneur de Nemours, maréchal-général des camps, de M. de Vitry, de M. de Souvré, premier chambellan, des chambellans ordinaires, des premiers médecins du roi et de la reine et des médecins et chirurgiens ordinaires des deux côtés. On trouva de nombreux ulcères purulents, sanieux, tabescens, situés en différents endroits, dans le mésocolon, dans les petits intestins. Il y en avoit un à l'extrémité du colon, et qui avoit rongé et perforé l'intestin, d'où une grande collection purulente provenant des glandes et des vaisseaux putréfiés du mésocolon s'étoit accumulée dans le bas-ventre et auroit pu emplir trois demi-setiers, mesure de Paris. Dans le rein droit, on trouva un abcès, mais petit, et qui n'a dû avoir aucune influence sur la maladie. Au fond de l'estomac, étoient un abcès un peu plus grand et plusieurs autres très-petits, bruns, fuligineux, verdâtres, noirâtres, analogues à ceux qu'on a observés sur tout le canal intestinal. La vésicule du fiel, adhérente au foie, étoit presque vide. Le foie étoit desséché et ratatiné, pressé contre les parois abdominales et s'écrasant en grumeaux. Le lobe du poumon gauche étoit adhérent à la plèvre par une caverne grande et profonde, pleine de pus.

« Voilà ce qu'ont observé scrupuleusement le doyen de la Faculté de médecine, Michel Delavigne et René Moreau, docteur médecin et professeur royal, qui tous deux, pendant l'espace de vingt-six jours, ont avec les médecins susnommés donné leurs soins au roi très-chrétien, appelés de Paris comme consultants le lundi 20 avril de l'an du Seigneur 1643. »

En rapprochant les symptômes des lésions observées à l'autopsie, nous pouvons établir que Louis XIII n'est pas mort d'un flux hépatique, comme on le croyait, mais qu'il a succombé à une phtisie galopante ; — qu'il y avait une caverne purulente à gauche avec pleurésie consécutive et adhérences ; — qu'il y avait dans les intestins de nombreuses ulcérations tuberculeuses, ce qui nous explique la diarrhée persistante ; — que la perforation intestinale, nous rend raison des douleurs abdominales ; — et qu'enfin nous trouvons dans les ulcérations stomacales la cause des vomissements purulents et fétides.

MAISON MÉDICALE

La maison médicale de Louis XIII était montée sur un pied qui ne laissait rien à désirer, quant au nombre des médecins.

Outre le premier médecin, qui, de 1610 à 1628, fut Jean Héroard, puis de 1628 à 1643 Charles Bouvard, nous trouvons comme médecins ordinaires, d'abord Jean Delorme, puis Charles Delorme, de 1610 à 1630, et ensuite Charles Guillemeau, de 1630 à 1643.

Le nombre des médecins par quartier était de huit ; c'étaient, de 1610 à 1643 :

Jean Regnard, Adam Falaiseau, Simon Letellier, Étienne Hubert, Turquet de Mayerne, Maurice Joyau, Jean Lemire, Simon Courtaud, René Chartier, Jean Chartier, Jean de Gorris père, Jean de Gorris fils, Jean Chicot père, Jean Chicot fils, Léonard de Gorris, Pierre Privat, Jacques Cousinot, Charles Senelle, Anselme Bicquet, Antoine Baralis, Urbain Bodineau, Augustin Conrad.

Il y avait en outre une quarantaine de médecins n'ayant pas de quartier.

Le registre des *Commentaires de la Faculté*

de Paris (vol. XIII) donne en 1642, comme médecins du roi ;

Bouvard, Letellier, Chartier, de Gorris, Baralis, Cousinot, Guillemeau, Bodineau.

Les autres étaient des médecins étrangers à la Faculté de Paris.

Il y avait un *médecin spagiriste*; c'était Guillaume Yvelin, auquel succéda Pierre Yvelin en 1611. Les médecins spagiristes prétendaient expliquer les changements qui s'opèrent dans les corps en santé et en maladie, comme les chimistes de l'époque expliquaient les changements du règne inorganique, par les influences des astres.

Le premier chirurgien fut François Martel, auquel succédèrent Jean Legrand en 1631, et Jean-Baptiste Bontemps en 1636.

Des chirurgiens ordinaires, Pierre Pigray et Jean Groult, Pierre Pigray seul mérite une mention très honorable.

Joignons à cette liste huit chirurgiens par quartier, quatre apothicaires, quatre aides-apothicaires, un apothicaire-distillateur, trois renoueurs ou rebouteurs, un oculiste, un opérateur pour la pierre (grand appareil), un pour la pierre (petit appareil), et nous verrons qu'on avait ainsi largement pourvu à tout pour la santé royale.

Je cite tous ces noms afin de montrer qu'au XVIIe siècle, à peu près comme au XIXe siècle, à part quelques exceptions, les médecins ayant une charge à la cour n'étaient pas toujours ceux dont la postérité scientifique conservera le nom, et depuis trois quarts de siècle nous avons trouvé auprès des souverains quelques demi-célébrités médicales, marquées au même coin de fabrique.

Voici d'abord *Jean Héroard,* le premier médecin du roi. Fils d'un barbier de Montpellier, il est inscrit sur les registres de cette faculté le 27 août 1571. Reçu docteur en médecine en 1575, à l'âge de vingt-cinq ans, il dut à la protection d'Ambroise Paré d'être placé auprès de Charles IX; puis il devint médecin ordinaire d'Henri III, d'Henri IV, et fut nommé, par ce dernier, médecin du dauphin, dont il devint le premier médecin lors de son avènement au trône. Son amitié pour l'enfant est vraiment touchante : le jeune prince la lui rendait bien. Héroard surveillait et soignait son jeune client avec une sollicitude sans égale. Chaque jour il inscrivait sur un journal, qui nous est conservé, tout ce qui concernait le jeune prince. Ce journal constitue six gros volumes in-f°, écrits au jour le jour, par Héroard lui-même, et se trouve à la Bibliothèque nationale (dép. des manuscrits, n°˙ 4022 à 4027). Si Héroard n'était pas un savant, il était au moins un médecin consciencieux ; il est curieux de voir la minutie avec laquelle il s'occupe de la santé de son client. Il indique pour chaque jour l'heure de réveil du roi, l'état de son pouls, de son visage, de ses urines et de son moral. Il nous fait assister à sa toilette, à son repas, note ce qu'il mange, ce qu'il boit, et cela avec une précision qui ne laisse rien à désirer. On sait combien le souverain a mangé de grains de raisin, combien de gâteaux, etc. Et tout cela est ainsi noté scrupuleusement, quotidiennement, pendant vingt-sept ans! Tout y est indiqué, les lavements, les médecines, les saignées, au point de contenter et au delà les plus exigeants. Michelet traite ironiquement le journal d'Héroard de Journal des digestions de Louis XIII.

Jean Héroard ne quittait pas son souverain ; il le suivait partout, en voyage, à la guerre. Sa position, quelque solide qu'elle fût, ne laissa pas d'être pour lui un sujet de chagrins amers ; car il fut en butte à la jalousie de ses confrères et surtout à celle de Charles Guillemeau qui ne cessa de blâmer ouvertement la conduite d'Héroard « dans toutes les incommodités du roi et de le poursuivre de ses basses manœuvres et de ses sourdes détractions. » (Eloy.) D'après Arnauld d'Andilly, il eut des ennemis acharnés à la cour.

Le dernier bulletin de la santé du roi rédigé par Héroard porte la date du 29 janvier 1628, au camp d'Aytré devant la Rochelle. Il est assez curieux pour être rapporté et nous donne une idée de ce que contiennent les six volumes manuscrits d'Héroard.

« Le 29 *janvier*, *samedi*. — Éveillé à six heures après minuit, doucement levé, bon visage, gai, pissé jaune, assez peigné, vestu, prié Dieu, altéré, ne veut point de bouillon, prend son julep d'eau d'orge et du jus de citron ; va à la messe, se va promener à pied à la digue, revient à dix heures; dîne, deux pommes cuites sucrées, chapon pour potage et pain bouilli, veau bouilli, la moëlle d'un os, potage simple confit et jus de citron, hachis de chapon avec pain émié, gelée, le dedans d'une tarte à la pomme; une poire confite, trois cornets d'oubli, pain assez, bu du vin clairet fort trempé, dragées de fenouil la petite cuillerée. Va à sa chambre et à midi va à pied à La Malmète; revient à quatre heures, va à son cabinet; à six heures, soupe, potage et hachis de chapon et jus de veau, potage confit avec jus de veau, veau bouilli, la moëlle d'un os, les pilons. »

Ce fut la dernière visite d'Héroard à Louis XIII; la journée du 30 a été écrite par une main étrangère. Après dix jours de maladie, le 8 février 1628, Jean Héroard, seigneur de Vaugrigneuse, premier médecin et conseiller du roi en ses conseils, succomba à l'âge de soixante-dix-huit ans, et fut inhumé dans l'église de Vaugrigneuse.

Dans sa pratique médicale, Héroard saignait moins que ses collègues et employait davantage les cordiaux et les spécifiques.

Outre son journal, dont les parties les plus saisissantes et les moins médicales ont été récemment publiées, Héroard a laissé un traité d'*Hippostologie* et un traité de l'*Institution du Prince*, sous forme de dialogue en six matinées entre Héorard et M. de Souvré, gouverneur du jeune prince.

A Jean Héroard succéda *Charles Bouvard* comme premier médecin. Nous pouvons nous demander ce qu'il a laissé. Guy Patin n'en dit pas grand mal, ce qui ne prouve rien. Il a acquis une grande fortune, il est vrai ; mais son bagage scientifique est bien léger. Il poussait l'amour de son art jusqu'au fanatisme, car

Amelot de La Houssaye (1), — en qui toutefois il ne faut avoir qu'une foi bien médiocre, — prétend qu'en une seule année, il fit prendre à Louis XIII, 215 médecines, 212 lavements et lui fit pratiquer 47 saignées. Et qu'on dise que la royauté n'avait pas la vie dure pour résister à de pareils traitements !.. Nos confrères du reste ne se ménageaient pas eux-mêmes, car Guy Patin, dans sa lettre III, nous apprend que Cousinot, d'après les conseils de Bouvard, son beau-père, fut saigné 64 fois en huit mois pour un violent rhumatisme. Et Cousinot vécut encore treize ans ! A temps perdu, Bouvard ne dédaignait pas la poésie : il composait des vers fort médiocres dont on a conservé un spécimen, c'est la *Description de la maladie, de la mort et de la vie de madame la duchesse de Mercœur*. A part

(1) *Mém. litt.*, I, p. 518, éd. Amsterdam, 1722.

le bon goût, rien n'y manque, rien, pas même la description de l'autopsie.

> « Après que de son corps son âme fut sortie,
> Et que sa chaleur fut tout entière amortie,
> Monsieur se résolut, avant que l'inhumer,
> De faire ouvrir son corps et la faire embaumer.
> . . . .
> Les côtés du thorax au dedans retirés
> Retenaient les poumons un petit trop serrés.
> . . . .
> Il n'y eut que les reins qui selon leur office,
> Ne pouvant tirer l'eau, manquaient à leur service ;
> En boue étaient changés les mamelons charnus,
> Et les bassins remplis de gros cailloux cornus.... »

Charles Guillemeau, médecin ordinaire, était le fils de Jacques Guillemeau, chirurgien ordinaire des rois Charles IX et Henri IV ; il fut d'abord chirurgien comme son père. En 1626 il se fit recevoir docteur et devint médecin du roi en 1630. Guy Patin en fait l'éloge ; mais Goelicke, dans son *Histoire de la chirurgie,* en latin, le traite avec moins de bienveillance, et l'accuse d'avoir écrit des livres injurieux contre Courtaud de Montpellier qui, de son côté, ne ménageait guère ses confrères de Paris. Nous avons vu quelle haine Guillemeau avait envers Héroard. Or, Courtaud était un des neveux maternels et héritiers de Jean Héroard, et c'est à la protection de son oncle qu'il a obtenu une charge de médecin par quartier à la cour. Plus tard, retiré à Montpellier et devenu doyen de cette Faculté, il fit un jour, dans un discours d'ouverture, l'éloge d'Héroard, élève de Montpellier, qui était devenu premier médecin du roi. Les médecins de Paris se trouvèrent blessés dans cette allusion rétrospective. Jean Riolan répondit vertement ; puis, l'an suivant, Charles Guillemeau déversa sur Courtaud tout ce qu'il avait eu de haine pour Héroard. Il est assez curieux de voir les aménités que nos confrères d'alors se jetaient à la face. Guy Patin a presque trouvé son égal dans le choix des qualificatifs. Mais heureusement tout cela se disait en latin !... Aujourd'hui on s'estime sans doute davantage ou l'on y met un peu plus de formes...

Pierre Pigray était sans contredit, comme chirurgien, l'un des meilleurs choix que le souverain eût pu faire. Élève d'Ambroise Paré, il atteignit presque le niveau des connaissances de son maître et arriva promptement à la réputation et à la fortune. Chirurgien des rois Henri IV et Louis XIII, malgré ses occupations à l'armée et à la cour, il trouva cependant le loisir d'écrire deux ouvrages sur la chirurgie. Mais il mourut trois ans après l'avènement de Louis XIII.

René Chartier peut être envisagé sous deux points de vue, comme médecin et comme érudit.

Comme médecin, il eut de grands succès, car deux ans après sa réception au doctorat, il fut nommé médecin des Dames de France, c'est-à-dire des princesses Élisabeth, Christine et Henriette ; l'année suivante il fut médecin du roi. Ce n'était pas une petite besogne que sa première charge à la cour, car il ne s'agissait pas seulement pour lui de soigner ses royales princesses ; il devait les accompagner en Espagne, en Savoie, en Angleterre, lors de leurs mariages. En même temps, il était professeur de chirurgie au Collège royal, et son cours dut en souffrir. Plus délicat que quelques-uns de ses confrères et collègues d'aujourd'hui, il ne consentit pas à porter un titre dont il ne pouvait remplir la fonction et il donna sa démission. Nos aînés avaient du bon ! Guy Patin nous raconte qu'à quatre-vingt-deux ans il exerçait encore sa profession et mourut d'apoplexie, étant à cheval.

A côté du médecin était l'érudit. Chartier était fanatique d'Hippocrate et de Galien : il en entreprit une édition complète avec traduction latine et s'efforça de donner au texte original toute la pureté et la précision possibles. Mais le métier d'auteur a ses épines, car René Chartier y dépensa, dit-on, cinquante mille écus.

Au nombre des médecins ordinaires se trouve *Guy de La Brosse,* né à Rouen et grand-oncle de Fagon, l'un des premiers médecins de Louis XIV. La Brosse ne nous paraît avoir eu aucun service sérieux à la cour, mais il profita de sa position et de son crédit auprès de Richelieu pour fonder le Jardin des Plantes. Il commença par faire don en 1626 de terrains qui lui appartenaient, obtint les fonds nécessaires pour subvenir aux dépenses d'entretien, aux acquisitions de plantes, aux honoraires des professeurs. Le premier médecin du roi, Héroard, eut le titre de surintendant ; Guy de La Brosse naturellement en fut nommé le premier intendant, titre qu'il garda jusqu'à sa mort arrivée en 1641. A part un *Traité de la peste*, tous les ouvrages de Guy de La Brosse ont rapport au Jardin du roi.

Il ne faut pas oublier *Cureau de la Chambre*, dont la science était encyclopédique et qui cultivait avec un égal succès la médecine, les belles-lettres et la philosophie. Ses connaissances lui ouvrirent les portes de l'Académie française et de l'Académie des sciences dès leur fondation, et ses écrits ont eu alors un grand retentissement. Ceux qui fréquentent l'église Sainte-Eustache peuvent y voir, sur un pilier, son inscription funéraire.

Jacques Cousinot termine cette liste des

médecins de Louis XIII dont le nom est parvenu jusqu'à nous. Il était neveu du premier médecin Bouvard. C'est lui qui fut saigné si copieusement par ordre de son beau-père. Comme doyen de la Faculté de Paris, il fut un administrateur ordinaire ; comme écrivain, il ne nous a laissé qu'un mémoire sur les eaux minérales de Forges, ce qui ne l'empêcha pas de conserver auprès de Louis XIV les fonctions qu'il remplissait auprès de Louis XIII.

J'ai fini avec cette courte revue des médecins royaux. A côté d'eux il y avait des noms bien connus. Il ne faut donc pas croire que toute la science médicale de l'époque s'était réfugiée à la cour. Molière nous fait voir que ces charges n'étaient pas sans inconvénient, puisque les malades *voulaient* être guéris. Mais sous Louis XIII et sous l'administration de Richelieu, les intrigues tenaient lieu de mérite et le

Cardinal-Roi étendait partout sa puissante main. Ces places étaient donc un objet de faveur ou de trafic.

LOUIS XIV

1643-1715

Louis XIV avait 77 ans et était saturé de toutes les jouissances physiques. Depuis quatre ans, les affaires politiques allaient fort mal; néanmoins il continuait à courre le cerf, à donner des audiences, à passer des revues.

Depuis un an cependant sa santé déclinait; il avait beaucoup maigri. Tous les courtisans s'en apercevaient; nul n'osait le dire. Son médecin, Fagon, né comme lui en 1638, chargé de la santé royale depuis le 1er novembre 1693, paraissait seul l'ignorer. Du reste, Fagon était vieux, d'une constitution faible, qu'il ne semblait soutenir qu'artificiellement, ce qui, au dire de Fontenelle, était une preuve de son habileté. La réputation de Fagon était considérable, ses occupations nombreuses, et le soin que réclamait sa santé ont pu lui faire méconnaître ce qui était visible pour tous ceux qui approchaient le monarque. Mareschal, le premier chirurgien, crut devoir en parler à Fagon qui ne l'écouta pas. Mareschal trouvait de la fièvre, Fagon n'en trouvait pas. Le chirurgien vit Mme de Maintenon, lui fit part de ses inquiétudes; la confiance qu'on avait en Fagon était telle qu'il ne fut pas écouté (1).

Le *vendredi 9 août* 1715, le roi était à Marly, alla courre le cerf et mena lui-même sa calèche.

(1) Dangeau, *Mémoires*, 1715. — Lefèvre de Fontenoy, Supplément au *Mercure galant*, octobre 1715. — Saint-Simon, *Mém.*, t. XI, p. 385.

Le 11, il revint à Versailles, se plaignit de douleur sciatique du côté gauche, et prit une médecine le 12.

Le 13, il ne peut marcher, se fait porter à la messe, donne ses audiences debout et mange très bien. Du reste, l'appétit royal était considérable, et Louis XIV peut passer pour avoir été un des plus grands mangeurs de son temps.

Depuis longues années, le roi ne buvait que du vin de Bourgogne extrêmement vieux, coupé avec moitié eau, et ne prenait plus ni liqueur, ni thé, ni café, ni rosolio. En se levant, il prenait deux tasses d'infusion de sauge et de véronique; comme il était toujours très altéré, il buvait souvent entre ses repas beaucoup d'eau froide ou glacée, additionnée d'un peu d'eau de fleurs d'oranger. La constipation devenant de plus en plus forte, Fagon lui prescrivait beaucoup de fruits à la glace, des figues plus que mûres au commencement du repas. Au souper, pendant toute l'année, le roi mangeait une prodigieuse quantité de salade, et en 1715, il porta ce régime à l'excès. Mais l'appétit diminua un peu à la suite de ce régime débilitant.

Le *mercredi* 14 *août*, la jambe gauche est très enflée ; la douleur persiste dans la cuisse et dans la jambe. Le roi dine et soupe, mais ne marche pas. Fagon lui fait emmailloter les parties douloureuses dans des oreillers de plume.

15 *août*. — Mauvaise nuit ; altération ; dine bien.

17 *août*. — Jusqu'à 4 heures du matin, douleur et altération ; à partir de quatre heures, sommeil ; dine bien.

18 *août*. — Assez bonne nuit. Fagon couche dans la chambre du roi ; moins de fièvre et d'altération.

19 *août*. — Agitation jusqu'à 3 heures du matin; de 3 à 10 heures, sommeil. Fagon ne trouve pas de fièvre; le chirurgien Mareschal en trouve.

20 *août*. — Meilleure nuit.

21 *août*. — Même état. Quatre médecins sont appelés en consultation : on prescrit au malade une purgation à la casse qui amena trois selles.

22 *août*. — Jusqu'à 3 heures du matin, insomnie et douleurs : le sommeil revient de 3 à 10 heures. Quatre autres médecins sont appelés en consultation : Gélis, Dumoulin, Falconnet fils et le médecin de la Charité. On prescrit le quinquina et le lait d'ânesse pour la nuit.

23 *août*. — Assez bonne nuit; la douleur persiste; dîne bien.

24 *août*. — Assez bonne nuit; mais la douleur de jambe augmente, ce qui n'empêche pas

le roi de dîner en public et toujours d'assez bon appétit.

25 *août*. — Mauvaise nuit, douleurs vives.

26 *août*. — Nuit médiocre; le roi sent sa fin prochaine. La douleur et l'enflure étant considérables, on pratique à 10 heures dans la jambe malade quelques mouchetures avec une lancette et des incisions profondes : on y constate de la gangrène.

27 *août*. — Affaiblissement, mouvements convulsifs, absences d'esprit; la gangrène est limitée au-dessous de la jarretière.

28 *août*. — Comme il arrive presque toujours en pareil cas, quand les médecins ne guérissent pas les maladies incurables, on a recours aux charlatans, aux illuminés, aux empiriques. Un Provençal nommé Brun, ayant appris la maladie du roi, prit le coche et vint à Versailles, promettant de guérir le malade : il était, disait-il, possesseur d'un élixir infaillible contre la gangrène. Les médecins, s'étant fait expliquer la composition de l'élixir, consentent à son emploi. Le roi en prit à midi dix gouttes dans trois cuillerées de vin d'Alicante. Il y eut un mieux momentané, dû à l'action du vin généreux; mais quelques heures après, l'état de prostration reparut. Vers 4 heures, grande contestation entre les médecins et les courtisans pour savoir si l'on continuera l'élixir. A 8 heures du soir, nouvelle dose; pansement à 10 heures. La gangrène reste stationnaire. Le pouls est toujours très faible; l'assoupissement et la divagation persistent.

29 *août*. — On continue les gouttes de Brun: toutes les dames de la Cour, qui sont toujours un fléau pour les médecins, portent Brun aux nues, voudraient que seul il soignât le monarque, et qu'on renvoyât les autres médecins. Vers 6 ou 7 heures du soir, le roi mange deux biscuits dans du vin. A 10 heures du soir, nou-

veau pansement; la gangrène est dans tout le pied, elle a gagné le genou, et la cuisse est très enflée.

30 *août*. — Assoupissement continuel; la gangrène augmente : on donne au malade un peu de gelée et d'eau fraîche.

31 *août*. — Perte de connaissance, quelques rares moments lucides : la mort a lieu le dimanche 1er septembre 1715, à 8 heures 1/4 du matin.

Selon une ancienne coutume, l'autopsie était faite en présence du doyen de la Faculté de médecine et d'un de ses collègues. Le doyen, J.-B. Doye, fut immédiatement averti de la mort du roi par la lettre suivante que nous trouvons dans les *Commentaires de la Faculté de médecine de Paris* (1), et qu'il communiqua à ses collègues :

(1) Tome XVIII, folio 86.

« *A Versailles, le 1ᵉʳ septembre 1715.*

« Lorsque le Roy meurt, on est dans l'usage
« d'appeler le doyen et un ancien de la Faculté
« de médecine pour être présens à l'ouverture
« de son corps. C'est pour cela que j'ai l'hon-
« neur de vous avertir, Messieurs, de vous
« rendre icy demain, deuxiesme de ce mois, à
» 8 heures du matin. M. le marquis de Berin-
« ghen, premier écuyer du Roy, vous fera don-
« ner un carrosse qui se trouvera demain à
« 6 heures du matin, à la porte des Écoles de
« médecine où deux chirurgiens-jurés de Pa-
« ris se rendront pour venir ici avec vous.

« Je suis, Messieurs, votre très-humble et
« obéissant serviteur,

« Desgranges. »

Le lundi matin, 2 septembre, une voiture
à six chevaux vint à la porte de l'école de la
rue de la Bucherie, pour emmener le doyen,

J.-B. Doye, son collègue Guérin et les deux chirurgiens à Versailles (1), où l'autopsie fut faite en présence du duc d'Elbœuf, du maréchal de Montesquiou, des deux médecins de la Faculté de Paris, des deux chirurgiens de la communauté de Saint-Côme, outre le premier médecin Fagon et tous les chirurgiens du roi, qui étaient : Mareschal, premier chirurgien, Pierre Legris, François Chabaud de la Fosse, Louis Desportes, Charles Pottier, François Ollivier, Pierre Bresson, Jean Cavé et Christophe Lieutaud, chirurgiens ordinaires.

Procès-verbal d'autopsie de Louis XIV.

« Aujourd'huy, deuxiesme septembre de l'année 1715, nous nous sommes assemblés à 9 heures du matin, dans le château de Versail-

(1) *Mercure de France*, 6 octobre 1715, 2ᵉ partie, p. 101

les, pour y faire l'ouverture du Roy, où nous avons trouvé ce qui suit :

« A l'extérieur, tout le costé gauche nous parut gangrené, depuis l'extrémité du pied jusqu'au sommet de la teste ; l'épiderme s'enlevant généralement par tout le corps des deux costés ; le costé droit estoit gangrené en plusieurs endroits, mais beaucoup moins que le gauche, et le ventre paroissoit extrêmement bouffi.

« A l'ouverture du bas-ventre, les intestins se sont trouvés altérés avec quelques marques d'inflammation, principalement ceux qui estoient situés au costé gauche et les gros estoient prodigieusement dilatés.

« Les reins estoient assis dans l'estat naturel ; on a trouvé seulement dans le gauche une petite pierre de pareille grosseur à celles qu'il a rendu (*sic*) par les urines plusieurs fois pendant la vie, sans aucun signe seulement de douleur.

« Le foye, la ratte, l'estomach, la vessie estoient absolument sains et dans l'estat naturel tant en dedans qu'en dehors.

« A l'ouverture de la poitrine, nous avons trouvé les poumons sains aussy bien que le cœur dont les extrémités des vaisseaux et de quelques valvules devenoient osseuses.

« Mais tous les muscles de la gorge estoient gangrenés.

« A l'ouverture de la teste, toute la dure-mère s'est trouvée adhérante au crâne et la pie-mère avoit deux ou trois taches purulentes le long de la faux; au reste, le cerveau estoit dans l'estat naturel tant en dedans qu'en dehors.

« La cuisse gauche, dans l'intérieur, s'est trouvée gangrénée aussy bien que tous les muscles du bas-ventre, et cette gangrène montoit jusqu'à la gorge.

« Le sang et la lymphe estoient dans une

entière dissolution, universellement dans les vaisseaux (1). »

D'après cette observation complète et détaillée, et d'après l'autopsie, il est avéré que Louis XIV a succombé à une gangrène : c'était du reste l'opinion des médecins qui lui donnaient des soins. Nous pouvons nous demander aujourd'hui quelle était la nature de cette gangrène.

Était-ce une gangrène sénile due à une embolie? Etait-ce une gangrène de nature diabétique?

Quant au mode pathologique de la gangrène, il est impossible de se prononcer, l'identité étant complète entre la gangrène sénile et la gangrène diabétique : toutes deux résultent d'une oblitération artérielle. Et nous trouvons,

---

(1) Commentaires de la Faculté de médecine de Paris, tome XVIII, folio 86.

en effet, dans le procès-verbal d'autopsie, que les « extrémités des vaisseaux et quelques valvules étaient osseuses » : il y avait donc une lésion artérielle, car il est impossible qu'il s'agisse des valvules des veines. Et ces ossifications n'ont d'ailleurs rien qui doive nous surprendre, quand nous songeons aux nombreuses attaques de goutte qu'avait eues le roi et à la gravelle qu'il rendait quelquefois (1).

Y avait-il diabète? La preuve caractéristique nous fait défaut : nous ne trouvons nulle part l'indication de la polyurie, et par consé-

(1) *Journal de la santé du roi.* Manuscrits de Vallot, d'Aquin, Fagon, conservés à la Bibliothèque nationale et publiés par Le Roi. Ces manuscrits qui commencent en 1647, s'arrêtent en 1711, et constituent deux gros volumes in-folio, reliés en veau fauve, fleurdelisé d'or, numéros 6998, 6999. — Daremberg, *Louis XIV, ses médecins, son tempérament, son caractère et ses maladies,* dans *Histoire et Doctrine.* Paris, 1865. — Anthoine. *La mort de Louis XIV,* journal des Anthoine publié pour la première fois, avec introduction par E. Drumont. Paris, 1880, in-12.

quent nous n'avons aucune preuve de la présence du sucre dans les urines de Louis XIV. D'ailleurs, c'est en 1775 que Pool et Dobson entrevirent les premiers la présence du sucre dans les urines, mais ce n'est qu'en 1778 que Cawley la démontra péremptoirement. Nous n'avons comme phénomènes symptomatiques que les suivants, qui peuvent cependant être pris en très sérieuse considération :

L'altération excessive,
La boulimie,
La constipation,
L'amaigrissement,
La névralgie (sciatique),
La gangrène,
Dents gâtées de très bonne heure.

Quoiqu'il soit difficile de se prononcer avec certitude, on peut cependant incliner vers la nature diabétique de la gangrène à laquelle a succombé Louis XIV.

L'autopsie fut suivie à Versailles d'un repas auquel furent invités le doyen J.-B. Doye et son collègue Guérin; mais on n'admit pas les deux chirurgiens, qui, dit le doyen, *in aliquam, ut reor, propinam ad sese reficiendum recepere.*

Les médecins furent ensuite reconduits en voiture à Paris, *neglectis iterum chirurgis, ac si non fuissent accisi.*

Le 3 septembre, les entrailles royales furent portées à Notre-Dame de Paris, par l'abbé Froulay, aumônier du roi.

Le 5, le cœur fut porté à la maison professe des Jésuites de la rue Saint-Antoine, par le cardinal de Rohan.

Le 9 au soir, le convoi quitta Versailles et gagna la plaine Saint-Denis par des chemins détournés.

Ainsi disparut celui qui, pendant soixante-douze ans, avait occupé sous des phases diverses l'un des plus beaux trônes du monde.

Soixante-dix-huit ans après, le lundi 14 octobre 1793, vers les 3 heures de l'après-midi, la tombe de Louis XIV fut violée par les révolutionnaires d'alors.

On trouva le corps momifié et bien conservé, la peau noire comme de l'encre. Un lit de chaux vive détruisit dans le cimetière de Saint-Denis tout ce qui restait du corps de celui qu'on appelait le *Grand Roi*.

MAISON MÉDICALE

Pendant un règne de soixante-douze ans (1643-1715), bien des médecins et des chirurgiens ont été appelés à faire partie de la maison du roi.

Les premiers médecins furent au nombre de

cinq ; Cousinot, Vautier, Vallot, d'Aquin et Fagon.

Jacques Cousinot, gendre de Bouvard, nous est déjà connu : on l'a vu à la cour de Louis XIII. A l'avènement de Louis XIV, Bouvard eut assez de crédit pour faire choisir son gendre comme premier médecin, fonction qu'il conserva jusqu'à sa mort en 1646.

François Vautier succèda à Cousinot. C'était un médecin de Montpellier qui, venu à Paris, s'était glissé à la cour et était devenu premier médecin de Marie de Médicis, à laquelle il était très attaché. Il fut enfermé à la Bastille pendant douze ans, à la suite d'intrigues de cour, et en sortit à la mort de Richelieu. Il reparut à la cour sous Louis XIV, y acquit assez de crédit pour succéder à Cousinot dans les fonctions de premier médecin du roi. Cette place avait été vendue vingt mille écus par Mazarin, au dire de Guy Patin (1). (Lettre 115, 3 mai 1653.) Guy Patin ne l'aimait guère, car Vautier était partisan de l'antimoine. « Hier, 4 juillet est ici mort dans son lit d'une fièvre continuë maligne, le sieur Vautier qui étoit le premier médecin du Roi et le dernier du Royaume en capacité, et afin que vous sachiez qu'il n'est pas mort sans raison, il a pris de l'antimoine par trois fois, pour mourir dans sa méthode, par le consentement et le conseil de Guénaut. (Lettre du 5 juillet 1652.)

Antoine Vallot succéda à Vautier en 1652. Guy Patin dit qu'il était docteur de Reims ; Chomel dit qu'il était de Montpellier (2). On ne

(1) Lettres. Ed. Réveillé-Parise.
(2) Le Dr Guelliot, qui a dépouillé toutes les thèses de l'ancienne Faculté de médecine de Reims, n'a pas trouvé

le trouve dans aucune des deux Facultés. Il était médecin d'Anne d'Autriche et il sut se maintenir à la cour. D'après Guy Patin, il aurait payé sa charge trente mille livre au cardinal Mazarin. Vallot accompagna le roi dans les Flandres en 1658. Louis XIV y fut gravement malade à Calais et, malgré neuf saignées et plusieurs purgations conseillées par Vallot, d'Aquin et un médecin d'Abbeville, nommé Du Sausoy, il en guérit. Guénaut, appelé en consultation, conseilla l'antimoine et les saignées. C'était, selon Guy Patin, une fièvre continue putride qui n'avait pas besoin d'un pareil trai-traitement. Disons à l'honneur de Vallot qu'il ne se montrait pas partisan des saignées.

Vallot eut une grande réputation à la cour, quoi qu'en dise Guy Patin qui aimait à médire des médecins étrangers et de ceux qui étaient

le nom de Vallot parmi les étudiants. (*Les Thèses de l'ancienne Faculté de médecine de Reims*, 1889, in-8°.)

partisans de l'antimoine. Aussi saisit-il avec empressement l'occasion de répéter cette épigramme composée par un anonyme à l'occasion de la mort d'Henriette d'Angleterre, veuve de Charles 1er :

> Le croiriez-vous, race future,
> Que la fille du grand Henri
> Eut en mourant même aventure
> Que son père et que son mari ?
> Tous trois sont morts par assassin,
> Ravaillac, Cromwell, médecin,
> Henri d'un coup de baïonnette,
> Charles finit sur le billot,
> Et maintenant meurt Henriette
> Par l'ignorance de Vallot (1) !

On sait le cas qu'il faut faire des opinions de Guy Patin.

Vallot est mort le 9 août 1671, âgé de soixante-quinze ans, sans avoir rien perdu de la considération dont il jouissait à la cour.

(1) Id. Ib., t. III, p. 706.

Antoine d'Aquin, son neveu par alliance (il avait épousé la nièce de sa femme), quoique né à Paris, était docteur de Montpellier. Vallot l'avait poussé à la cour, l'avait fait nommer premier médecin de Marie-Thérèse d'Autriche à la mort de Guénaut. Il succéda à Vallot comme premier médecin de Louis XIV. Mais il fatiguait le roi par ses demandes ; il déplaisait à Mme de Maintenon et, le 1er novembre 1693, il apprit sa révocation et son remplacement par Fagon. Le roi l'exila à Moulins, avec une pension de 6,000 livres. Son frère d'Aquin, qui était médecin ordinaire et de plus très médiocre médecin, le suivit dans sa disgrâce avec une pension de 3,000 livres. D'Aquin, malade, se rendit à Vichy où il est mort en 1696 et fut inhumé dans l'église.

Guy Crescent Fagon, docteur de la Faculté de Paris, où il avait été reçu le 9 décembre

1664, avait été nommé médecin de la dauphine en 1668, puis premier médecin de la reine et remplaça d'Aquin dans les fonctions de premier médecin du roi.

« Fagon étoit, dit Saint-Simon, un des beaux et des bons esprits de l'Europe, curieux de tout ce qui avait trait à son métier, grand botaniste, bon chimiste, habile connoisseur en chirurgie, excellent médecin et bon praticien. Il savoit d'ailleurs beaucoup : point de meilleur physicien que lui ; il entendit même bien les différentes parties des mathématiques. Très désintéressé, ami ardent, mais ennemi qui ne pardonnoit point, il aimoit la vertu, l'honneur, la valeur, la science, l'application, le mérite, et chercha toujours à l'appuyer sans autre cause ni raison, et à tomber aussi rudement sur ce qui s'y opposoit que si on lui eût été personnellement contraire ; avec cela délié courtisan, et connoissant parfaitement le

Roi, Mme de Maintenon, la cour et le monde. Il avoit été le médecin des enfants du Roi, depuis que Mme de Maintenon en avoit été gouvernante : c'est là que leur liaison s'étoit formée. De cet emploi il passa aux enfants de France, et ce d'où il fut tiré pour être premier médecin. Sa faveur et sa considération qui devinrent extrêmes, ne le sortirent jamais de son état ni de ses mœurs, toujours respectueux et toujours à sa place (1). »

De 1693 jusqu'à la mort de Louis XIV, Fagon a su, par son habileté, conserver auprès du roi et de toute la cour une notoriété sans pareille. Quoique praticien médiocre, partisan des saignées à outrance, il ne perdit jamais rien de son prestige. La lecture du *Journal de la santé du Roi* permet de l'apprécier à sa juste valeur. Fagon est mort

---

(1) Saint-Simon. *Mémoires*, t. I, p. 103.

le 11 mars 1718 et a été inhumé dans l'église Saint-Médard.

De même qu'Héroard avait écrit un Journal de la santé de Louis XIII, de même Vallot, d'Aquin et Fagon ont rédigé le Journal de la santé du roi Louis XIV, de 1647 à 1711. On sait comment Michelet a caractérisé ce livre. Il y a beaucoup à prendre pour les historiens et pour les médecins, au point de vue de l'histoire de la médecine et de la thérapeutique, et on se demande comment la santé du roi a pu résister à de semblables traitements.

Les quatre dernières années de ce Journal ont été égarées, et ce ne sont pas les moins curieuses.

Comme médecins ordinaires, médecins par quartier, ils n'en est guère qui aient laissé un nom à la postérité : la médecine se traînait dans des discussions scolastiques et on sait qu'il a fallu cent ans pour faire adopter l'antimoine à la Faculté, et encore le Parlement a-t-il dû s'en mêler.

Pour les chirurgiens, il en est trois seulement qui méritent d'être cités : *Fr.-Félix de Tassy*, père, fut le premier chirurgien jusqu'en 1676 : il ne se signala que dans la rédaction de la « dislocation du bras gauche » que se fit le roi en chassant dans la forêt de Fontainebleau. Son fils *Ch.-Fr.-Félix de Tassy* lui succéda en 1676 : ce fut lui qui fit à Louis XIV l'opération de la fistule en 1686. Il est mort en 1703 et fut remplacé par Georges Mareschal.

Mareschal, que nous retrouvons comme premier chirurgien de Louis XV jusqu'à l'époque de sa mort (1736), était le meilleur choix qu'on eût pu faire. Il était déjà chirurgien en chef de la Charité et son habileté dans son art était considérable. « C'étoit, dit Saint-Simon, un homme plein d'honneur, d'équité, de probité, et d'aversion pour le contraire, droit, franc et vrai et fort libre à le montrer, bon homme et rondement homme de bien et fort capable de servir, et par équité ou par amitié, de se commettre très librement à rompre des glaces auprès du Roi... (1) »

Mareschal a prouvé pendant les douze années qu'il a passées à la cour l'exactitude du jugement de Saint-Simon. On le verra lors des maladies des Dauphins et de la Dauphine.

(1) *Mémoires*, t. III, p. 413.

LOUIS XV

1710-1774

La Dubarry avait 31 ans et régnait depuis 1769 dans le cœur du roi, qui avait fini par l'installer à Trianon. Il lui faisait de nombreuses visites et, malgré ses 64 ans, il oubliait près d'elle les soucis du royaume.

Le mercredi 27 avril 1774, Louis XV, qui était depuis la veille à Trianon, éprouva quelques douleurs de tête, des frissons, de la courbature. Malgré cela, il partit en voiture pour la chasse ; mais ne pouvant monter à cheval, il resta en carrosse, rentra à Trianon à 5 heures et demie et s'enferma chez la Dubarry, où il prit quelques lavements. Il n'éprouva aucun soulagement, fit diète et se coucha. Les douleurs furent plus vives la nuit, les maux de reins augmentèrent. On alla chercher Lemonnier, médecin du roi, qui constata de la fièvre. La Dubarry fut également éveillée, et le médecin et la favorite, qui connaissaient la pusillanimité du roi, crurent qu'il exagérait son mal.

Le jeudi 28 avril, à 3 heures de l'après-midi, on ne savait rien au dehors ; on croyait seulement le roi incommodé. Il resta chez sa maîtresse ; mais Lemonnier, quoique ne voyant qu'une simple indigestion, voulait le faire revenir à Versailles. Le médecin Lamartinière, moins courtisan et plus brusque que Lemonnier, intervint et, malgré la Dubarry, il fut décidé que Louis XV serait ramené à Versailles. A 4 heures, le malade fut porté dans son carrosse. Il se plaignait toujours de céphalalgie, de douleurs lombaires et de nausées.

La nuit du 28 au 29 avril, la fièvre augmenta, la céphalalgie fut plus forte. Lemonnier et Lamartinière le firent saigner à huit heures du matin. En même temps on appela en consultation Lorry, Bordeu, puis Lassone. La fièvre persistait.

Arrivés de Paris à midi, Lorry, Bordeu, Lassone voient le roi en consultation avec ses deux médecins. Ils ne reconnaissent pas les symptômes précurseurs de la variole et disent au monarque qu'il a une fièvre catarrheuse. Toutefois ils décident qu'une seconde saignée sera faite à 9 heures et demie et peut-être une troisième pour la nuit, dans le cas où il n'y aurait pas d'amélioration. Le roi en fut effrayé, à cause de ce proverbe « qu'une troisième saignée appelle les sacrements. » D'ailleurs il était très pusillanime.

Bordeu et Lorry hésitent sur la troisième saignée : Lemonnier est de leur avis. Lassone et Lieutaud attendent pour se prononcer sur son opportunité que l'effet de la deuxième soit produit. Quant aux chirurgiens, ils ne donnèrent pas leur opinion et la deuxième saignée fut pratiquée, mais très abondante — quatre grandes palettes, environ 400 grammes. Le malade eut peur et demanda du vinaigre pour éviter une syncope. Le mal de tête persistait.

La favorite avait accompagné le malade et s'était installée près de lui au château de Versailles.

A 5 heures, le roi fit demander ses petits-enfants qui étaient le dauphin, plus tard Louis XVI, le comte de Provence, plus tard Louis XVIII, le comte d'Artois, plus tard Charles X, et ses filles les princesses Adélaïde, Victoire et Sophie.

Ce qu'on appelait alors la *Faculté* se réunit en consultation. C'étaient les six médecins Lemonnier, Lamartinière, Lassone, Lorry,

Bordeu et de Lassaigne ; les cinq chirurgiens Andouillé, Boiscaillaud, Lamarque et Colon, et les trois apothicaires, dont le premier était Forgeot (ou Forgeau).

Médecins, chirurgiens, apothicaires tâtaient six fois par heure le pouls du malade, qui voulait toujours avoir un médecin près de lui.

Les symptômes persistent; la lumière est gênante, l'accablement continue. Malgré ces phénomènes, ils croient toujours avoir affaire à une fièvre humorale qu'ils craignent de voir dégénérer en fièvre maligne. Ils commencent à devenir inquiets, ne font pas la troisième saignée et prescrivent un lavement qui fut administré d'une façon assez grotesque par le premier apothicaire lui-même.

« On traina le Roi à grand peine sur le bord de son lit, et là on le posta dans l'attitude convenable à la circonstance, c'est-à-dire le visage enfoncé dans un oreiller et le derrière à découvert en position. La Faculté, rangée autour du lit, fit place en se mettant en haie, au maître apothicaire qui portait respectueusement le corps de la seringue et du garçon de la chambre qui portait la lumière destinée naturellement à éclairer la scène. M. Forgeau (c'est le nom du maître apothicaire) placé avantageusement allait poser et mettre en place la canule, quand tout à coup le garçon de la chambre, voyant que la lumière qu'il portait donnait en plein sur le derrière royal et imaginant apparemment que son effet pouvait être dangereux pour la santé ou au moins la commodité du Roi, arracha avec précipitation de dessous le bras d'un médecin un chapeau et le plaça entre la bougie et le lieu où l'apothicaire Forgeau désigeait toute son attention (1)

---

(1) Larochefoucauld-Liancourt, *Relation inédite de la dernière maladie de Louis XV*, pièce in-8.

Cette éclipse fit manquer le coup à l'apothicaire. »

Le samedi 30 avril, à 10 heures du soir, par conséquent le quatrième jour après le début de la maladie, le malade se plaignait de douleurs plus vives, de pesanteurs, était affaissé. Tout à coup, en l'examinant avec une lumière on aperçoit de petites rougeurs sur le visage. Les médecins se regardent étonnés : nul n'avait prévu ni soupçonné la maladie ; c'était la variole.

Bordeu redoute l'issue de la maladie : il fait part de ses craintes à la Dubarry ; mais le dira-t-on au Roi ? Les avis sont partagés ; on ne dira rien, on attendra.

Toutefois l'affaissement continue ; les douleurs de tête sont sourdes, l'agitation excessive se mêle à l'abattement. Le malade ne parle pas, il a les yeux hagards, une fièvre considérable et des bouffées de chaleur.

Où avait-il pris le germe de cette variole ?

Le 16 octobre 1728, Louis XV avait été déjà affecté d'une variole bénigne qui guérit en peu de jours et ne laissa aucune trace sur son visage. En 1774, il n'y avait à Versailles ni dans les environs aucune épidémie de variole. Cependant les contemporains racontent que le Roi, étant en chasse, rencontra le convoi d'une personne morte de variole et qu'il en fut très impressionné (1) : mais il n'y a pas là les preuves scientifiques de contagion. On parle aussi d'une nuit de débauche passée avec une jeune fille de 13 à 14 ans, qui était à la période d'incubation d'une variole à laquelle elle succomba. Mais ce sont là des allégations sans preuves authentiques. Notre rôle doit se borner à la consta-

---

(1) Voltaire, *De la mort du Roi Louis XV et de la Fatalité*, vol. XXII, p. 341 : Ed. Hachette — Voir aussi, *Notes* du baron de Besenval.

tation d'une variole confluente dont nous ne pouvons déterminer l'origine.

Le dimanche 1ᵉʳ mai, les médecins se réunissent en consultation et prescrivent des vésicatoires. Le duc d'Orléans, les princes de Condé et de Penthièvre restent près du Roi.

La nuit du dimanche au lundi 2 mai est mauvaise. Le matin Bordeu dit à la Dubarry que la maladie prend une mauvaise tournure et, prévoyant les désagréments qu'éprouvera la favorite, il l'engage fortement à quitter le Roi, si elle veut éviter un renvoi scandaleux.

Dans la nuit du 2 au 3 mai, il y eut du délire. Le soir, le malade était très abattu : la journée avait été pénible pour lui, car on avait obtenu qu'il renverrait sa favorite, ce qu'il fit en effet.

Le jeudi 5 mai, les médecins reconnaissent l'état presque désespéré. Bordeu déclare que le Roi ne jouit plus de toutes ses facultés intellectuelles.

Dans la nuit du 5 au 6 mai, la raison revint un peu. Le malade fit appeler son confesseur l'abbé Mandoux (ou Mondou).

Le vendredi 6, l'infection exhalée par la suppuration des pustules était telle que plusieurs personnes en furent incommodées ; d'autres y contractèrent la variole.

Le samedi 7 mai, on publiait le Bulletin ci-contre (1) :

Le lundi 9 mai, le roi a du délire, de l'agitation ; il rejette draps et couvertures.

Du 9 au 10, la nuit fut plus calme.

Le mardi 10 l'agonie commença : le malade poussa des cris vers une heure et s'affaissa, la respiration devint plus lente, les yeux res-

(1) Bibl. nat. — Réserve, pièce. L b 38, 1582.

> *Quoique l'état du Roi n'ait empiré en rien, SA MA-JESTÉ, de son propre mouvement, a demandé à recevoir ses sacrements et les a reçus à sept heures.*
>
> **BULLETIN DE LA MALADIE DU ROI.**
>
> De Versailles le 7 mai, à 8 heures et demie du matin
>
> Le redoublement de la nuit a été moins fort et moins long que celui de la nuit précédente. Il y a eu quelques intervalles de bon sommeil. La suppuration étend ses progrès sur tout le corps, tandis que les pustules du visage continuent à se dessécher. Les urines sont bonnes. Les vésicatoires vont toujours bien.
>
> *Signé :* Lemonnier, Lassone, Lorry, Bordeu, Lamartinière, Andouillé, Boiscaillaud, Lamarque, Colon.

tèrent fixes, il y eut de la rigidité des bras et des mains. A 2 heures de l'après-midi, Louis XV rendit le dernier soupir, après quatorze jours de maladie.

Le mercredi 11 mai, le lendemain de la

mort du roi, Lethieullier, doyen de l'école de médecine de Paris, écrivit la lettre suivante à Lemonnier, premier médecin du monarque :

« Monsieur, la mort du roi a occasionné une
« assemblée extraordinaire de l'Université, qui
« a été tenue ce matin : on y a fait lecture de
« ce qui s'étoit observé lors de celle de
« Louis XIV; les registres font mention
« expresse de l'ouverture du corps du monar-
« que dans les plus grands détails, et consta-
« tent que M. J.-B. Doye, doyen de la Faculté,
« avoit été mandé avec un ancien, pour assis-
« ter à cette ouverture et signer le procès-
« verbal.

« J'ai consulté aussitôt les registres de notre
« faculté, dont je vous envoie l'extrait, je
« craindrois d'être accusé de négligence par la
« compagnie, si je vous laissois ignorer ce qui
« a été pratiqué en 1715 et si je manquois une

« occasion de jouir pour elle d'une prérogative
« qui paroît être accordée à la place dont je
« suis honoré ou du moins qui lui a été décer-
« née dans le temps.

« Je crois, monsieur, connoissant votre zèle
« pour la Faculté, que vous approuverez le
« mien à vous instruire d'un usage que la
« lecture de la lettre écrite par M. Desgranges
« vous confirmera.

« J'ai l'honneur, etc.

Signé : LETHIEULLIER. »

Lethieullier révendiquait les droits ou les coutumes de la Faculté, mais il comptait sans les circonstances toutes particulières de la mort du Roi. L'odeur qu'exhalait le corps était telle, l'épouvante était si grande que le vide se fit autour des restes du monarque. Les mémoires du temps racontent cependant que le premier gentilhomme de la chambre demanda à Lamartinière pourquoi on ne procédait pas à l'autopsie. « Monsieur le Duc, répondit Lamartinière avec sa brusquerie ordinaire, votre charge vous oblige à tenir la tête du cadavre ; je vous déclare que s'il est ouvert, ni vous, ni moi, ni aucun de ceux qui y auront assisté ne serons vivants dans huit jours. » Le duc n'insista pas.

Lemonnier de son côté écrivit à Lethieullier, en réponse à sa lettre :

« Monsieur le Doyen,

« M. Bordeu, notre confrère, m'a parlé
« hier de l'usage que j'ignorois d'appeler
« M. le Doyen de la Faculté et un adjoint à
« l'ouverture du corps des rois de France.
« Nous n'aurions pas manqué de maintenir les
« droits de la Faculté, si la triste cérémonie

« avoit eu lieu ; mais vu le genre de maladie
« dont Sa Majesté est décédée, on se contentera
« simplement d'ensevelir le corps dans un
« taffetas ciré bien garni de poudres aromati-
« ques ; on achèvera d'en remplir le cercueil
« de plomb. C'est ainsi que l'apothicaire du
« roi vient de me dire que cela se pratiquera
« ce soir à 5 heures (1).
   « J'ai l'honneur, etc.
                        Signé : LEMONNIER. »

L'ensevelissement eut lieu comme l'apothicaire Forgeot l'avait dit : on y ajouta beaucoup
de sel marin pour retarder la putréfaction du
cadavre et, à 8 heures du soir, le cercueil mis
dans un carrosse partit avec une faible escorte
pour Saint-Denis où il arriva à 11 heures. On
le plaça à l'entrée du caveau des Bourbons, sur

(1) *Commentaires. Fac. Méd.* T. XXIII, p. 547.

les marches, à droite et un peu de côté, dans une sorte de niche, pratiquée dans l'épaisseur du mur. C'est là que, selon les probabilités, il devait rester en attendant l'arrivée de son successeur Louis XVI. Les événements ne le permirent pas, et le mercredi 16 octobre 1793, le même jour que Marie-Antoinette montait sur l'échafaud, on fit l'exhumation du cadavre. Par précaution, on porta le cercueil dans le cimetière et on en fit l'ouverture sur le bord de la fosse où l'on avait préparé un lit de chaux vive. Le corps était enveloppé de bandelettes, tout entier, frais, et bien conservé; la peau était blanche, le nez violet, les fesses rouges comme celles d'un enfant nouveau-né et nageant dans une eau abondante formée par la dissolution du sel marin. Selon l'expression pittoresque d'Alexandre Lenoir, qui assistait à l'exhumation et à qui nous devons la conservation d'une grande partie de nos monuments religieux, on trouva le corps *marinant dans sa saumure*. Il fut jeté dans la fosse et recouvert d'une nouvelle couche de chaux vive et de terre (1).

Louis XV est le seul roi qui soit mort de la variole. La frayeur fut grande à la Cour et deux mois après, le 20 juillet 1774, Lassone lisait à l'Académie des sciences le rapport des inoculations faites par lui à la famille royale, au château de Marly.

MAISON MÉDICALE

Pendant un règne qui a duré cinquante-neuf ans, la santé du roi a coûté environ deux millions trois cent soixante mille livres, si nous voulons calculer les honoraires des médecins,

(1) Georges d'Heilly. — *Extraction des cercueils royaux à Saint-Denis*, p. 106.

chirurgiens et apothicaires qui ont donné des soins à Louis XV. Les honoraires étaient fixés ainsi qu'il suit :

Premier médecin............	3.000 livres.
Médecin ordinaire.........	1.800
8 Médecins par quartier à..	1.200
Médecins sans quartier à...	400
1 Spagyriste à............	1.600
Premier chirurgien à......	1.000
1 Chirurgien ordinaire.....	1.000
8 Chirurgiens par quartier à.	600
Chirurgiens sans quartier...	» »
Un Oculiste..............	300
Un Opérateur pour les dents.	300
Un Opérateur pour la pierre (haut appareil).............	300
Un Opérateur pour la pierre (petit appareil)............	300
3 Renoueurs ou rhabilleurs à.	300
4 Apothicaires à..........	1.000

4 Aides à............... 200 livres.
1 Apothicaire distillateur... 600

Les premiers médecins furent :

Louis *Poirier*, qui fut doyen de la Faculté de Paris de 1706 à 1708. Il avait été médecin du duc de Bretagne, médecin de Saint-Cyr et en dernier lieu des enfants de France : il avait fait cause commune avec ceux qui avaient parlé d'empoisonnement des Dauphins. Il fut choisi de préférence à Boudin et mourut le 3 mars 1718, presque subitement.

Il eut pour successeur *Dodart*, docteur régent de Paris, « fort honnête homme, dit Saint-Simon (T. XIV, p. 319), de mœurs bonnes et douces, éloigné de manèges et d'intrigues, d'esprit et de capacité fort médiocre et modeste. » Il avait été médecin des enfants de France. Il est mort à Versailles le 24 novembre 1730.

A la mort de Dodart, Pierre *Chirac* fut

élevé à la dignité de premier médecin. Il était médecin de Montpellier, où il avait été professeur; il avait suivi les armées en Catalogue, en 1692, et le duc d'Orléans, en 1706, dans ses campagnes d'Italie et d'Espagne : il était devenu son médecin à Paris et c'est ainsi qu'il arriva aux fonctions de premier médecin. Il est mort à Marly, le 1ᵉʳ mars 1732.

Un autre médecin de Montpellier lui succéda, François *Chicoyneau*, qui était son gendre et qui s'était fait remarquer par son dévouement lors de la peste de Marseille. En 1731, grâce à l'influence de son beau-père, il fut appelé à la cour pour être médecin des enfants de France : il accompagna Louis XV dans toutes ses campagnes et est mort le 13 avril 1752, à l'âge de quatre-vingts ans.

A Chicoyneau succèda Jean *Senac*, docteur d'une Faculté provinciale (Reims?), qui en 1745 avait été attaché au maréchal de Saxe et l'avait suivi dans ses campagnes. A son retour il s'installa à Versailles, devint médecin consultant du roi et premier médecin en 1752.

Senac s'était acquis une réputation presque européenne par son *Traité de la structure du cœur, de son action et de ses maladies*, ouvrage qui parut en 1749 et qui est la première bonne monographie des maladies du cœur. Senac est mort à l'âge de soixante-dix-sept ans, le 20 décembre 1770.

Bien qu'on ne trouve pas de successeur officiel à Senac dans la place de premier médecin, c'est Lemonnier qui en fit les fonctions. François Quesnay, qui était maître en chirurgie, s'était fait recevoir docteur en médecine à Pont-à-Mousson en 1744 ; il avait suivi Louis XV au siège de Metz et était, avec Lemonnier, médecin ordinaire du roi. Mais il avait soixante-seize ans à la mort de Senac et Lemonnier avait sa survivance. Senac ne fut pas remplacé officiellement ; Quesnay est mort octogénaire, quelques mois après Louis XV, et son nom ne figure pas parmi les médecins ou chirurgiens qui ont soigné le roi dans sa dernière maladie.

Les premiers chirurgiens de Louis XV furent Georges *Mareschal*, l'homme intègre et loyal par excellence, qui mourut le 13 décembre 1736 et qui avait fait appeler à Paris, depuis une vingtaine d'années François *De la Peyronie*, professeur aux écoles de chirurgie de Montpellier, et l'avait fait nommer premier chirurgien en survivance. La Peyronie acquit une fortune considérable, fut le bienfaiteur du collège de chirurgie de Paris, fut professeur et démonstrateur au Jardin du Roi, chirurgien en chef de l'hôpital de la Charité. Il passa sa vie à faire le bien, et à sa mort, arrivée à Versailles le 25 avril 1747, il légua à la corporation des chirurgiens de Paris, les deux tiers de ses biens, sa bibliothèque et sa terre de Marignyen-Orxois, près de Château-Thierry, terre qui fut achetée deux cent mille livres par le roi et donnée par lui à François Poisson, père de sa maîtresse, la marquise de Pompadour.

Pichaut de La Martinière succéda à La Peyronie en 1747 et est mort en 1783.

Les médecins et chirurgiens qui ont donné des soins à Louis XV dans sa dernière maladie furent Lemonnier, premier médecin en survivance, qui devint médecin de Louis XVI et mourut à l'âge de quatre-vingt-douze ans, le 7 septembre 1799 ; — de Lassone, qui était premier médecin de la reine, et devint médecin de Marie-Antoinette et de Louis XVI ; — Lorry, praticien et érudit, qui n'avait aucun titre officiel à la cour ; — Bordeu, qui jouissait d'une grande réputation comme médecin ; — les chirurgiens de La Martinière, — Andouillé fils, premier chirurgien en survivance, démonstrateur au collège de chirurgie, mort en 1792, — Boiscaillaud, Lamarque, chirurgiens par quartier, et Colon, qui était chirurgien-major des mousquetaires de la garde du roi.

LOUIS XVI

1754-1793

La mort tragique de Louis XVI ne prend place ici que pour terminer cette série de morts royales.

Né à Versailles le 23 août 1754, de Louis, Dauphin, et de Marie-Josèphe de Saxe, il périt sur l'échafaud le lundi 21 janvier 1793, à l'âge de 39 ans.

C'est au *Moniteur* de l'an II de la République française que nous emprunterons les détails qui suivent :

Procès-verbal de la Convention nationale des 15, 17, 19 et 20 janvier 1793, l'an II de la République française.

Art. Ier. La Convention nationale déclare Louis Capet, dernier roi des Français, coupable de conspiration contre la liberté de la nation et d'attentat contre la sûreté générale de l'État ;

II. La Convention nationale décrète que Louis Capet subira la peine de mort ;

III. La Convention nationale déclare nul l'acte de Louis Capet apporté à la barre par ses conseils qualifié d'*Appel à la nation du jugement contre lui rendu par la Convention;* défend à qui que ce soit de donner aucune suite, à peine d'être poursuivi et puni comme coupable d'attentat contre la sûreté générale de l'État :

IV. Le Conseil exécutif provisoire notifiera le présent, dans le jour, à Louis Capet et prendra les mesures de police et de sûreté nécessaires pour en assurer l'exécution dans les vingt-quatre heures, à compter de la notification, et rendra compte à la Convention nationale immédiatement après qu'il aura été exécuté.

Proclamation du Conseil exécutif provisoire du 20 janvier.

Le Conseil exécutif provisoire, délibérant sur les mesures à prendre pour l'exécution des décrets de la Convention nationale des 15, 17, 19 et 20 janvier 1793, arrête les dispositions suivantes :

1° L'exécution du jugement de Louis Capet se fera demain lundi 21 ;

2° Le lieu de l'exécution sera la place de la Révolution, ci-devant Louis XV, entre le piédestal et les Champs-Élysées ;

3° Louis Capet partira du Temple à 8 heures du matin, de manière que l'exécution puisse être faite à midi ;

4° Des commissaires du département de Paris, des commissaires de la municipalité; deux membres du tribunal criminel assisteront à l'exécution. Le secrétaire greffier de ce tribunal en dressera procès-verbal ; et lesdits commissaires et membres du tribunal, aussitôt après l'exécution consommée, viendront en rendre compte au Conseil, lequel restera en séance permanente pendant toute cette journée.

749 députés prirent part au vote, ainsi qu'il suit :

Pour la mort sans condition......... 387
Pour la détention ou la mort conditionnelle........................ 334
Absents et non votants............ 28
749

Dans le *Moniteur* du mercredi 23 janvier, on lit :

« Louis a traversé à pied la première cour : dans la deuxième il est monté dans une voiture où étaient son confesseur et deux officiers de gendarmerie (l'exécuteur l'attendait à la place de la Révolution). Le cortège a suivi les boulevards jusqu'au lieu du supplice : le plus grand silence régnait le long du chemin. Louis lisait les prières des agonisants : il est arrivé à 10 heures 11 minutes à la place de la Révolution; il s'est déshabillé, est monté d'un pas assuré et, se portant vers l'extrémité gauche de l'échafaud, il a dit d'une voix assez ferme :

« *Français, je meurs innocent ; je pardonne à tous mes ennemis et souhaite que ma mort soit utile au peuple.* Il paraissait vouloir parler encore, le commandant général ordonna à l'exécuteur de faire son devoir.

« La tête de Louis est tombée à 10 heures

20 minutes du matin. Elle a été montrée au peuple. Aussitôt mille cris *Vive la nation! Vive la République française!* se sont fait entendre. Le cadavre a été transporté sur-le-champ et déposé dans l'église de la Magdelaine où il a été inhumé entre les personnes qui périrent le jour de son mariage et les Suisses qui furent massacrés le 10 août. La fosse avait douze pieds de profondeur et six de largeur ; elle a été remplie de chaux. »

MAISON MÉDICALE

L'arrivée de Louis XVI au trône de France n'a pas amené beaucoup de changements dans le personnel médical de la cour. Pendant un règne de dix-huit ans, il eut trois premiers médecins, sans compter les médecins ordinaires, les médecins par quartier, les médecins sans quartier, les médecins consultants, les oculistes,

Il eut deux premiers chirurgiens, des chirurgiens consultants, des chirurgiens par quartier, des rebouteurs ou renoueurs, des dentistes, etc.

Le premier médecin fut d'abord Joseph *Lieutaud*, docteur d'Aix, qui, de médecin de l'Infirmerie royale à Versailles, devint médecin de Louis XVI. Il était plus remarquable comme anatomiste que comme médecin et il a quelques droits à être considéré comme le fondateur de l'anatomie pathologique en France. Il est mort le 6 décembre 1780.

Joseph-Marie-François *de Lassone*, né à Carpentras, était venu faire ses études médicales à Paris, où il avait été reçu docteur le 9 septembre 1742. En 1775 il avait été nommé médecin de Marie-Antoinette ; il était survivancier de Lieutaud. C'était un homme de progrès, qui avait été l'instigateur de la création d'une société royale de médecine, ayant pour but de s'occuper principalement de l'étude et l'histoire des épidémies et de se ménager des correspondances avec les principaux médecins de province. Cette société fut mal vue de la Faculté (1). Il avait adopté, l'un des premiers en France, la découverte de Jenner sur la vaccine et, le 20 juillet 1774, il lisait à l'Académie des sciences le rapport sur les vaccinations faites à la famille royale au château de Marly. Il est mort le 8 octobre 1788.

Lemonnier, docteur régent de la Faculté de Paris, succéda à Lassone. Il avait été médecin du comte de Provence (Louis XVIII). Le 10 août 1792, il était aux Tuileries lorsque le palais fut envahi : il échappa miraculeusement. Le roi déchu fut enfermé au Temple. Le 22 novembre de la même année, il fut appelé près de lui dans sa prison. Ce fut sa dernière visite à son ancien souverain. Il se retira à Montreuil,

(1) Corlieu, *l'Ancienne Faculté de médecine*, 1 v. in-8, 1877, p. 217.

près de Versailles, où il ouvrit une petite boutique d'herboristerie. Il y mourut sans fortune le 7 septembre 1799, âgé de 81 ans.

Pichaut de *La Martinière*, qui avait été premier chirurgien de Louis XV à la mort de La Peyronie, conserva sa place à la cour de Louis XVI et eut pour successeur J. B. *Andouillé* fils (1783), qui était son survivancier. Il est mort avec la royauté, en 1792.

Les autres médecins et chirurgiens de Louis XVI n'ont pas laissé de nom scientifique pouvant leur survivre.

LOUIS XVII

De son mariage avec Marie-Antoinette, archiduchesse d'Autriche, Louis XVI avait eu quatre enfants, deux garçons et deux filles :

1° Marie-Thérèse-Charlotte de France, née à Versailles, le 19 décembre 1778, morte à Frohsdorf, le 19 octobre 1851 ;

2° Louis-Joseph-Xavier-François, né à Versailles, le 22 octobre 1781, mort le jeudi 4 juin 1789 ;

3° Louis-Charles de France, duc de Normandie, né à Versailles, le 27 mars 1785 ;

4° Sophie-Hélène-Béatrice de France, née à Versailles, le 9 juillet 1786, morte en 1788.

Louis-Charles, duc de Normandie, était le troisième des quatre enfants de Louis XVI et de Marie-Antoinette. Il prit le titre de Dauphin à la mort de son frère, en 1789. A part Marie-Thérèse, Madame, morte à l'âge de soixante-treize ans, tous ces enfants étaient d'une santé délicate, qui réclamait fréquemment les soins de Brunier, leur médecin ordinaire. Les graves événements qui se passaient à Versailles et à Paris, la fuite du roi et de sa famille, leur arrestation et leur incarcération au Temple ne contribuèrent pas peu à altérer la constitution déjà bien débile du jeune enfant. Le 20 juin 1792, à l'âge de sept ans, il n'était déjà plus le Dauphin de France ; c'était le *petit veto* et on l'avait coiffé du bonnet rouge. Quelques semaines après, le 13 août, il entrait à la prison du

Temple pour n'en plus ressortir de son vivant. Là, il fut, comme on le sait, confié à la garde du cordonnier Simon, membre de la Commune, et à celle de sa femme.

L'enfant était maigre, pâle, lymphatique ; il était privé d'air, d'exercice et recevait une alimentation grossière et insuffisante. Ses gardiens ne lui ménageaient ni les propos grossiers, ni les mauvais traitements. Au commencement de mai 1793, il tomba malade, eut la fièvre et un point de côté. L'ex-reine fit demander qu'on voulût bien lui envoyer Brunier qui, au temps de sa prospérité, était attaché à la famille royale, comme médecin des enfants.

Au lieu de Brunier, la Commune envoya, le 9 mai, le médecin Thierry, qui était médecin ordinaire des prisons de la Seine et avait été médecin de la famille royale depuis 1780. Pendant plusieurs semaines, Thierry vint tous les jours voir le jeune malade et rendait compte de sa visite à Brunier.

Le mois suivant, les accidents reparurent mais moins intenses. Il s'y joignit la complication d'une hernie, ainsi qu'il a été consigné aux registres des délibérations du Conseil général de la Commune, à la date du 11 juin 1793. Thierry demanda qu'on lui adjoignît un bandagiste, et l'enfant fut visité par Pipelet, bandagiste des prisons.

Le 3 juillet, l'enfant fut arraché à sa mère.

Le jeune prisonnier se remit un peu. Simon recommença ses mauvais traitements : il forçait l'enfant à boire et à manger outre mesure. Il en résulta des troubles digestifs qui amenèrent une nouvelle indisposition de quatre jours.

Le 16 octobre, Marie-Antoinette avait porté sa tête sur l'échafaud où Louis XVI l'avait précédée neuf mois auparavant. Le jeune détenu ignorait le sort de sa mère. Le 5 janvier 1794, Simon se démit de sa charge de gardien du Dauphin et allait rejoindre Robespierre sur l'échafaud le 10 thermidor an II : sa femme alla mourir aux Incurables en 1810. Simon fut remplacé par deux autres gardiens.

Le 31 mars 1795, Lasne et Gomin avaient été désignés comme gardiens du Dauphin et avaient cherché, autant que le permettaient leur position et les événements, à adoucir le sort du jeune orphelin. Six semaines après, le 4 mai, ils signalent dans leur rapport que le *petit Capet* est indisposé.

Le surlendemain, mercredi 6 mai, le Comité de sûreté générale de la Convention nomme Desault, premier officier de santé de l'hospice de l'Humanité (Hôtel-Dieu) pour soigner l'enfant et le visiter en présence de ses gardiens. Desault constate une affection scrofuleuse ; l'enfant a la peau blafarde, terreuse, la taille voûtée, la démarche chancelante ; il y a de l'épuisement, du marasme, sans ophtalmie, sans lésions cutanées, avec gonflement articulaire. Il juge la maladie grave, propose le transfèrement à la campagne et prescrit la décoction de houblon, à prendre une cuillerée de demi-heure en demi-heure, de six heures du matin à huit heures du soir.

A la seconde visite, le 7 mai (18 floréal), à neuf heures du matin, il ajoute à ce traitement des frictions d'alcali volatil.

La maladie augmente vite, fait des progrès alarmants ; la faiblesse est extrême, la marche pénible et douloureuse ; l'enfant se traîne appuyé sur les bras de Lasne qui, pour lui faire prendre l'air, le porte tantôt sur la plateforme de la tour, tantôt dans la petite tour moins obscure et plus aérée.

Après quinze jours de ce traitement bien simple, il n'y avait aucune amélioration physique ; au moral, l'enfant était mieux, il se sentait mieux entouré.

Le 29 mai, Desault, à sa visite habituelle de neuf heures du matin, ne fait aucune modification à son traitement, il revoit le jeune malade le lendemain. Ce fut sa dernière visite, car il était malade lui-même et succombait brusquement le 1ᵉʳ juin.

Jusqu'au 4 juin, le Dauphin ne reçut aucune autre visite de médecin. Le vendredi 5 juin, Pelletan, chirurgien en chef du grand hospice de l'Humanité, où il venait de remplacer Desault, fut désigné par le Comité de sûreté générale pour continuer les soins au malade et vint le voir dans l'après-midi. « Je trouvais écrivait-il en 1817, l'enfant en si fâcheux état que je demandai instamment qu'il me fût adjoint une autre personne de l'art pour me soulager d'un fardeau que je ne voulais pas porter seul. » Il demanda que l'air fût donné à l'enfant, qu'on supprimât les abat-jour qui masquaient les fenêtres. On obéit et on changea le petit malade d'appartement. Gomin le transporta dans ses bras, ce qui ne se fit pas sans souffrances ; mais il se trouvait mieux. Pelletan ne changea pas le traitement de Desault ; il y ajouta de l'air et du soleil.

Le 6 juin, Lasne fit des frictions avec l'ammoniaque sur le genou droit et sur le poignet gauche. Pelletan fit sa visite à huit heures et demie, et trouva le malade agité ; il lui fit prendre du potage et quelques cerises.

Le dimanche 7 juin (19 prairial), le Comité de sûreté générale, prenant en considération la demande de Pelletan, lui adjoignit J.-B.-Eug. Dumangin, premier médecin de l'hospice de l'Unité (Charité) et ancien professeur à la Faculté de Médecine.

L'enfant, après les frictions, avait éprouvé un évanouissement et les deux médecins constatent que l'état est désespéré ; ils demandent qu'on lui accorde une garde-malade. Le Comité de sûreté générale avait d'abord consenti à cette demande, et il revint sur sa décision.

La gorge était sèche, le gosier brûlant ; le soir il y avait une très légère amélioration, le teint était plus clair, l'œil plus vif, la voix plus forte, personne ne passa la nuit auprès du malade.

Le lundi 8 juin, Pelletan fit sa visite à huit heures du matin et constata une grande faiblesse : Dumangin vint à onze heures. Le bulletin de santé fut très mauvais. Le malade avait des hallucinations, croyait entendre de la musique ; la respiration était lente, le regard vague, la tête était penchée sur la poitrine du gardien Lasne. A deux heures un quart, il expirait dans les bras de son gardien, à l'âge de dix ans, deux mois et douze jours.

Le lendemain, mardi 9 juin 1795 (20 prairial an III), le Comité de sûreté générale annonce dans sa séance que « le fils de Capet était mort hier à la suite d'une tumeur au genou gauche et au poignet droit (1). »

Le 9 juin, quatre membres du Comité de sûreté générale visitent le cadavre et attestent le décès.

Quatre médecins furent désignés pour pratiquer l'autopsie. On en trouve le procès-verbal dans la *Gazette nationale* ou *Moniteur* du 23 prairial an III. La pièce authentique est au Musée des Archives nationales n° 1429 bis. Ce document est assez important pour être rapporté textuellement.

Procès-verbal de l'ouverture du corps du fils du défunt Louis Capet, dressé à la Tour du Temple, à onze heures du matin.

« Nous soussignés Jean-Baptiste-Eugénie Dumangin, médecin en chef de l'hospice de

(1) *Gazette nationale*, duodi 22 prairial an III, p. 1059.

l'Unité, et Philippe-Jean Pelletan, chirurgien en chef de l'Humanité, accompagnés des citoyens Nicolas Jeanroy, ancien professeur aux Écoles de médecine de Paris, et Pierre Lassus, professeur de médecine légale à l'École de santé de Paris, que nous nous sommes adjoints en vertu d'un arrêté du Comité de sûreté générale de la Convention nationale daté d'hier et signé Bergoing, président, Courtois, Gauthier, Pierre Guyonard, à l'effet de procéder ensemble à l'ouverture du corps du fils de défunt Louis Capet, en constater l'état ; avons agi ainsi qu'il suit :

« Arrivés tous les quatre à onze heures du matin, à la porte extérieure du Temple, nous y avons été reçus par les commissaires qui nous ont introduits dans la Tour. Parvenus au deuxième étage, nous sommes entrés dans un appartement, dans la seconde pièce duquel nous avons trouvé dans un lit le corps mort d'un enfant, qui nous a paru âgé d'environ dix ans, que les commissaires nous ont dit être celui du fils de défunt Louis Capet, et que deux d'entre nous ont reconnu pour être l'enfant auquel ils donnaient des soins depuis quelques jours. Les susdits commissaires nous ont déclaré que cet enfant était décédé la veille, vers trois heures de relevée; sur quoi nous avons cherché à vérifier les signes de la mort, que nous avons trouvés caractérisés par la pâleur universelle, le froid de toute l'habitude du corps, la roideur des membres, les yeux ternes, les taches violettes à la peau du cadavre et surtout par une putréfaction commencée au ventre, au scrotum et au dedans des cuisses.

« Nous avons remarqué, avant de procéder à l'ouverture du corps, une maigreur générale qui est celle du marasme. Le ventre était extrêmement tendu et météorisé. Au côté interne du genou droit, nous avons remarqué une tumeur, sans changement de couleur à la peau, et une autre tumeur, moins volumineuse, sur l'os du radius près le poignet, au côté gauche : la tumeur du genou contenait environ deux onces de matière grisâtre, puriforme et lymphatique, située entre le périoste et les muscles ; celle du poignet renfermait une matière de même nature, mais plus épaisse.

« A l'ouverture du ventre, il s'est écoulé plus d'une pinte de sérosité purulente, jaunâtre et très fétide, les intestins étaient météorisés, pâles, adhérents les uns aux autres, ainsi qu'aux parois de cette cavité : ils étaient parsemés d'une grande quantité de tubercules de diverses grosseurs et qui ont présenté à leur ouverture la même matière que celle contenue dans les dépôts extérieurs du cou et du poignet.

« Les intestins, ouverts dans toute leur longueur, étaient très sains intérieurement, et ne contenaient qu'une très petite quantité de matière bilieuse. L'estomac nous a présenté le même état ; il était adhérent à toutes les parties environnantes, pâle au dehors, parsemé de petits tubercules lymphatiques semblables à ceux de la surface des intestins ; sa membrane interne était saine, ainsi que le pylore et l'œsophage ; le foie était adhérent par sa convexité au diaphragme, par sa concavité aux viscères qu'il recouvre ; sa substance était saine, son volume ordinaire, la vésicule du fiel médiocrement remplie d'une bile de couleur très foncée. La rate, le pancréas, les reins et la vessie étaient sains. L'épiploon et le mésentère, dépourvus de graisse, étaient remplis de tubercules lymphatiques semblables à ceux dont il a été parlé. De pareilles tumeurs étaient disséminées dans l'épaisseur du péritoine, recouvrant la face inférieure du diaphragme. Ce muscle était sain.

« Les poumons adhéraient par toute leur

surface à la plèvre, au diaphragme et au péricarde; leur substance était saine et sans tubercules ; il y en avait seulement quelques-uns aux environs de la trachée artère et de l'œsophage. Le péricarde contenait la quantité ordinaire de sérosité; le cœur était pâle, mais dans l'état naturel.

« Le cerveau et ses dépendances étaient dans leur plus parfaite intégrité.

« Tous les désordres dont nous venons de donner le détail sont évidemment l'effet d'un vice scrophuleux existant depuis longtemps et auquel on doit attribuer la mort de l'enfant.

« Le présent procès-verbal a été fait et clos à Paris, au lieu susdit, par les soussignés, à quatre heures et demie de relevée, les jours et an que dessus.

« Signé : J. B. E. Dumangin, Ph. Pelletan, P. Lassus, N. Jeanroy. »

C'est donc bien le jeune Dauphin qui est

mort au Temple. Les commissaires l'ont déclaré, Pelletan et Dumangin l'ont reconnu. Il a succombé à la scrofule qui s'est développée pendant sa captivité et à la tuberculose. La *Gazette nationale* nous rend compte de son inhumation, en ces termes :

« De Paris,

« Avant-hier, à huit heures et demie du soir, deux commissaires civils et le commissaire de police de la section du Temple se transportèrent à la tour du Temple pour, en vertu d'un arrêté du Comité de sûreté générale, enlever le corps du fils de Louis Capet. Ils le trouvèrent découvert et, en leur présence, il fut mis dans un cercueil de bois et transporté de suite au cimetière de Sainte-Marguerite, rue faubourg Antoine où il fut inhumé. Des mesures de sûreté générale ont fait escorter ce convoi de loin en loin par des détachements d'infanterie. »

C'était le 10 juin 1795.

Dans les premiers temps de la Restauration, on fit des recherches minutieuses pour retrouver les restes de cet enfant. On ne put rien découvrir. La nuit qui suivit l'inhumation, des ordres supérieurs avaient été donnés pour que le corps fût déterré et transféré secrètement au cimetière Sainte-Catherine.

Vingt jours après, une loi du 12 messidor, an III (30 juin 1795), sur le rapport de Treilhard, autorisa l'échange de Marie-Thérèse-Charlotte de France, sœur du Dauphin, détenue comme lui au Temple, contre des prisonniers français en Autriche. La jeune orpheline, qui avait alors dix-sept ans, fut élevée à la cour de son aïeul, l'empereur d'Autriche. Ce fut la duchesse d'Angoulême. Elle est morte à Frohsdorf, le 19 octobre 1851.

Ici se place un épisode assez curieux. Dans son mémoire, Pelletan dit qu'il fut chargé spécialement des opérations de l'ouverture du corps et de la remise en place des parties. Pendant qu'il s'occupait de cette dernière, ses trois confrères et les personnes présentes s'approchèrent de la fenêtre pour causer un peu. L'autopsie avait duré près de cinq heures. Profitant du moment où personne n'avait l'œil sur lui, il enveloppa le cœur dans un peu de linge et le mit dans sa poche. Tout étant terminé et le procès-verbal dressé et signé, chacun se retira. Pelletan mit le cœur dans un flacon avec de l'esprit-de-vin : au bout de dix ans, l'esprit était évaporé et le cœur tout à fait desséché. Pelletan le conserva dans son tiroir avec d'autres pièces anatomiques, et le montra un jour à son secrétaire, en lui disant sa provenance. Il n'y prit plus garde. Un jour, cherchant dans son tiroir, il ne trouva plus le cœur du Dauphin : il soupçonna son secrétaire de l'avoir soustrait, le lui redemanda avec toutes les précautions possibles, pour ne pas froisser sa susceptibilité. Il n'en obtint rien. Mais le secrétaire tomba malade et succomba. Pelletan fit faire des recherches chez ce dernier. Le cœur fut retrouvé et restitué à Pelletan.

Lorsque Louis XVIII fut remonté pour la deuxième fois sur le trône, il prescrivit de faire une enquête sur toutes les personnes qui avaient donné quelques marques de sympathie à sa famille pendant ses malheurs, et au Dauphin pendant sa détention. Pelletan fit valoir ses services, offrit aux roi de lui restituer le cœur du Dauphin et ne dit mot de Dumangin. C'était en 1817. Une polémique assez vive s'engagea entre les deux médecins, et l'authenticité de la relique fut mise en doute. Dumangin dit cependant qu'il croyait avoir vu Pelletan mettre quelque chose dans sa poche, mais il n'y avait fait aucune attention. Pelletan, de son côté, avait gardé le silence sur son dépôt pendant tout le règne impérial, et la seule personne à qui il s'était ouvert en avait profité pour s'en emparer et avait tout naturellement gardé le plus profond secret.

Louis XVIII, en homme prudent et habile, rendu sceptique par l'expérience des gens et des choses, n'accepta ni ne refusa l'offre de Pelletan. Il craignait sinon une mystification, au moins une erreur peut-être involontaire sur la nature et l'authenticité de ce cœur qui avait subi quelques pérégrinations. Pelletan toutefois s'en dessaisit et le cœur fut mis en dépôt au palais de l'archevêché. Mais lors du pillage de ce palais, le 14 février 1832, il disparut de nouveau. Le docteur Jules Pelletan, son fils adoptif, fut assez heureux pour le retrouver et nous le fit voir.

Pelletan fit savoir au comte de Chambord qu'il était possesseur du cœur de Louis XVII et offrit de le lui restituer : en cas de refus de ce dernier, le cœur serait mis dans le cercueil de Pelletan. Il ne paraît pas que le comte de Chambord ait répondu. Pelletan est mort ; sa succession n'est pas complètement liquidée et le cœur attend encore sans doute son prochain propriétaire (1892).

LOUIS XVIII

1814-1824

Le lundi matin 13 septembre 1824, on lisait dans Paris les lignes suivantes :

CHAMBRE DU ROI

« Aux Tuileries le 12 septembre 1824, à 6 heures du matin.

« Les infirmités anciennes et persévérantes du Roi ayant augmenté sensiblement depuis quelques jours, sa santé a paru profondément altérée et est devenue l'objet de consultations plus fréquentes : la constitution de Sa Majesté et les soins qui lui sont donnés ont entretenu pendant plusieurs jours l'espérance de voir sa santé se rétablir dans son état habituel ; mais on ne peut se dissimuler aujourd'hui que ses forces n'aient considérablement diminué et que l'espoir qu'on avait conçu ne doive aussi s'affaiblir.

Signé : Portal, Alibert, Montaigu, Distel, Dupuytren, Thévenot.

Le premier gentilhomme de la chambre du Roi,

Signé : comte de Duras. »

C'était la première note officielle de la maladie du Roi.

Louis-Stanislas-Xavier, né à Versailles le 17 novembre 1755, était le troisième fils du dauphin Louis, fils de Louis XV et de Marie-Josèphe de Saxe (1). Il était frère de Louis XVI

---

(1) Les quatre fils du Dauphin étaient le duc de Bourgogne, mort en 1771, — Louis XVI, — le comte

et porta les titres de Monsieur et de comte de Provence jusqu'en 1793, de comte de Lille jusqu'en 1814, où il prit le nom de Louis XVIII en montant sur le trône. Il avait épousé en 1771 Marie-Joséphine-Louise de Savoie, princesse de Sardaigne, et n'avait jamais eu d'enfants. Il était devenu veuf le 13 novembre 1810.

Louis XVIII avait cinquante-neuf ans quand il rentra en France pour la première fois en 1814, et, à part sa fuite pendant les Cent-Jours, il n'a plus quitté la France. Pendant son exil sur la terre étrangère, il avait beaucoup voyagé et avait eu les pieds gelés dans un voyage en Russie. De plus il était sujet aux attaques de goutte, avait des varices aux jambes, ce qui l'obligeait à porter de grandes guêtres anglaises. Son embonpoint était considérable, il

de Provence, plus tard Louis XVIII, — le comte d'Artois, plus tard Charles X.

prenait peu d'exercice et était assez sobre des plaisirs de la table. Quant à ses bonnes fortunes amoureuses, elles étaient insignifiantes. On peut dire de lui ce qu'on disait de Louis XIII : « qu'il n'était amoureux que jusqu'à la ceinture. » Sous ce rapport, il aimait à faire supposer ce qui n'existait pas.

La nouvelle du 12 septembre, relativement à la maladie du Roi, surprit d'autant plus que le 25 août, à l'occasion de la Saint-Louis, le Roi avait reçu les visites et députations officielles, dominant ou dissimulant sa douleur, car il possédait ces deux sentiments à un haut degré.

Cependant depuis quelque temps il était souffrant, mais on gardait le secret sur sa maladie. Dès qu'elle eut pris un caractère sérieux, Portal, Alibert, Distel et Thévenot appelèrent en consultation Montaigu, ancien médecin de l'Hôtel-Dieu, et Dupuytren, premier médecin de la duchesse de Berry, tous deux faisant du reste partie de la maison. Ce n'est que le 11 septembre, dans la soirée, que le conseil des ministres, après la déclaration des médecins que tout espoir était perdu, résolut d'annoncer la maladie du Roi. Le dimanche 12 septembre, le Roi avait assisté au déjeuner de famille, mais n'avait absolument rien pris. Bien que depuis une quinzaine aucune nouvelle de la maladie de Louis XVIII n'eût transpiré au dehors, on disait dans Paris qu'il était malade. La veille de la Saint-Louis, il avait fait, selon sa coutume, une promenade en calèche découverte, mais moins longue; on l'avait vu dans sa voiture la tête affaissée et tombant presque sur ses genoux,

Qu'avait-il? on ne l'annonçait pas et l'autopsie nous en dira plus long que les treize bulletins publiés sur sa maladie, depuis le 12 jusqu'au 15 septembre.

Cependant, comme médecin, nous devons consulter tous ces bulletins.

Le dimanche 12 septembre, à 9 heures du soir, le deuxième bulletin annonçait que la fièvre avait augmenté dans la journée, qu'il y avait eu du froid dans les extrémités, que la faiblesse s'était accrue ainsi que l'assoupissement et que le pouls avait été faible et irrégulier.

Ce qu'on annonçait comme *le froid dans les extrémités* était un euphémisme que nous devons traduire par *gangrène sénile*.

Cette même journée, les ministres de l'Intérieur, des Affaires ecclésiastiques et des Finances prescrivirent, l'un la fermeture des spectacles, l'autre des prières publiques, le troisième la fermeture de la Bourse.

Le 13 septembre, à 8 heures du matin, le bulletin, signé de Portal, Alibert, Distel et Thévenot, annonçait que la nuit avait été assez calme, que la faiblesse était extrême et qu'il y avait eu moins de froid dans les extrémités. Le Roi prit quelques bouillons dans la journée et n'eut pas de fièvre, mais elle s'est manifestée de nouveau dans l'après-midi avec plus d'affaissement et de la diminution des forces.

Vers 9 heures du soir, des douleurs apparurent dans les jambes. L'intelligence était restée intacte.

Le mardi 14, vers une heure de l'après-midi, le malade tomba dans une sorte de défaillance, avec respiration entrecoupée, faiblesse extrême du pouls. A 6 heures du soir, les symptômes alarmants de la journée ont été remplacés par du calme, mais la fièvre a redoublé dans la soirée.

Le mercredi 15, à 2 heures du matin, l'état était de plus en plus alarmant, le pouls de plus en plus faible, la gangrène faisait des progrès, mais la connaissance était intacte.

C'était la première fois que le mot *gangrène* était écrit.

Le onzième bulletin, daté de 6 heures du matin, annonce que la nuit a été des plus orageuses, que la fièvre a redoublé avec des anxiétés et des faiblesses réitérées, que la respiration est de plus en plus laborieuse.

Le douzième bulletin indique que l'affaiblissement va toujours croissant. A trois heures, une nouvelle consultation médicale a lieu. A onze heures du soir, les médecins déclarent que le Roi n'a guère que quelques heures à vivre. A trois heures du matin, Louis XVIII perd connaissance ; son œil devient terne, sa poitrine est râlante : il expire à quatre heures du matin, le 16 septembre.

C'est Alibert, le premier médecin ordinaire, qui annonça à la famille royale, qui se tenait dans un appartement voisin, la mort du Roi Louis XVIII.

Comme son bisaïeul Louis XIV, Louis XVIII avait succombé à une gangrène.

L'autopsie fut fixée au lendemain vendredi 17 septembre, à sept heures du matin.

L'ouverture du corps de Louis XVIII se fit selon les usages prescrits pour tous les rois ses prédécesseurs (1). Le premier médecin, le premier chirurgien, les médecins et chirurgiens ordinaires, le doyen de la Faculté de médecine et un de ses collègues, devaient assister à l'autopsie, ainsi que le Grand Chambellan, le Premier Gentilhomme de la chambre, le Maître de la garde-robe, etc. Les médecins et chirurgiens présents étaient Portal, Alibert, Distel, Dupuytren, Thévenot de Saint-Blaise, Breschet, Pelletan, Landré-Beauvais à titre de Doyen de la Faculté, Ribes, etc., etc. C'était le premier

(1) *Commentaires de la Faculté de médecine*, t. XVIII, fol. 86.

médecin qui désignait ceux qui devaient pratiquer l'autopsie. Portal en chargea Breschet et Ribes, et Pelletan rédigea le procès-verbal d'autopsie.

Parmi les dignitaires présents à cette besogne suprême, était le Grand Chambellan, prince de Talleyrand, le duc d'Amont, le comte de Duras, le marquis de Boisgelin, etc.

On attribue à Talleyrand un mot dont nous ne garantissons pas l'authenticité, mot qui suffirait pour caractériser l'homme qui avait servi et abandonné tant de principes et de souverains. « Il sent bien mauvais !... » Telle aurait été l'oraison funèbre prononcée par l'ancien évêque d'Autun.

L'autopsie de Louis XVIII

La première indication de l'autopsie de Louis XVIII se trouve mentionnée dans la *Gazette de santé* du 5 octobre 1824, page 223, mais d'une façon sommaire. Dix ans après, Ribes père, qui avait pratiqué cette autopsie avec Breschet, publia une brochure sur ce sujet et c'est à lui que nous empruntons les détails de cette opération.

« *Aspect extérieur du corps*. — Les membres supérieurs et inférieurs semblaient être bien en rapport avec la tête et la poitrine, mais l'abdomen paraissait être un peu hors de proportion avec ces parties.

« Les membres inférieurs, sans être contrefaits, étaient un peu difformes, et les hanches étaient très écartées.

« La peau était, en général, blanche et saine, mais à l'abdomen elle tirait un peu sur le jaune.

« Les yeux étaient ternes, mais non flétris ; le nez portait une petite plaie contuse que le monarque s'était faite en tombant sur le bord d'une table. La langue et la bouche étaient sèches ; il manquait plusieurs dents.

« Au bras droit, il y avait une cicatrice ancienne, résultat d'un cautère ; au bras gauche, un cautère ouvert.

« On voyait un ulcère assez profond dans la région du sacrum et du coccyx, et à la cuisse gauche, les traces d'un vésicatoire.

« A la moitié inférieure des jambes et des pieds, la peau était d'un brun foncé jaunâtre. Elle était rugueuse, avait l'apparence desséchée, et présentait de petits tubercules en forme de petites éminences carrées.

« A la partie externe du pied droit il y avait des traces très marquées de gangrène sénile. Les trois phalanges du petit orteil étaient tombées, et la moitié antérieure du cinquième os du métatarse était détruite par la carie. Les deux dernières phalanges des quatrième et troisième orteils étaient aussi tombées par gangrène ; les premières phalanges de ces doigts étaient à découvert et entièrement dénudées. Le premier et le second orteils étaient intacts. Toutes les parties molles de la moitié externe du pied jusque y compris celle de la malléole externe, étaient frappées par la gangrène.

« *Extrémité encéphalique*. — Le côté gauche de la tête a paru plus élevé que le droit. Les téguments du crâne ont été crucialement incisés jusqu'aux os et les lambeaux ont été renversés sur les côtés. Le péricrâne se détachait avec la plus grande facilité. Le crâne ayant été scié, on a constaté une épaisseur très peu considérable des os, surtout dans les régions temporales. L'adhérence de la dure-mère aux os du crâne n'était pas très grande, surtout dans les côtés ; dans le milieu elle était plus considérable à cause des sutures.

« Les éminences mamillaires et les impressions digitales étaient très marquées relativement à l'épaisseur du crâne ; les sillons pour loger les artères méningiennes étaient bien apparents.

« Vers la partie antérieure de la face interne du pariétal droit, près de la suture sagittale, on apercevait une cavité profonde; l'os, dans ce point, était extrêmement mince et cédait à la moindre pression. La glande de Pacchioni, qui loge dans cette cavité, était environnée et pénétrée d'un appareil vasculaire exagéré.

« La dure-mère était molle, flasque et un peu injectée. La faux du cerveau présentait une large ossification, commençant à trois lignes de l'apophyse *crista-galli* et se prolongeait en arrière dans l'étendue de deux pouces. Elle avait environ huit lignes de largeur ; elle était mince et comme tranchante en haut, mais vers son bord libre, elle avait à peu près quatre lignes d'épaisseur. Elle était en ce point inégalement bosselée.

« Le sinus longitudinal supérieur et les sinus latéraux avaient le développement normal, mais ils étaient injectés et contenaient peu de sang.

« Il existait une sérosité abondante dans les méninges, dans les anfractuosités, dans les ventricules.

« L'arachnoïde était plus épaisse, la pie-mère légèrement enflammée, principalement vers la partie supérieure des hémisphères. Les circonvolutions étaient très marquées et les anfractuosités profondes.

« Le cerveau était consistant dans toutes ses parties, surtout au pont de Varole, aux prolongements du cerveau, du cervelet et à la queue de la moelle allongée. La substance corticale et la substance médullaire étaient très distinctes ; cependant la couleur grise de la première semblait moins prononcée que dans l'état ordinaire, et celle de la seconde était d'un blanc tirant sur le gris. Les vaisseaux qui les traversent étaient gorgés de sang.

« Les plexus choroïdes étaient décolorés par leur macération dans la sérosité.

« Les corps cannelés et les couches optiques étaient relativement peu développés.

« La glande pinéale, un peu plus volumineuse qu'on ne l'observe naturellement, contenait quelques petits graviers.

« *Cavité thoracique.* — Les muscles étaient pâles, décolorés et contenant beaucoup de graisse. Les poumons étaient de couleur naturelle, mous, souples, crépitant naturellement. En arrière du poumon gauche, il y avait des traces d'une légère phlogose ; tout à fait en bas et en avant existait une faible adhérence ; il en existait une autre, également légère, qui unissait les deux lobes du poumon. Il y avait environ cinq onces de sérosité sanguinolente dans la cavité gauche de la poitrine ; quantité normale dans le poumon droit. En haut et en arrière du poumon droit existait une adhérence peu étendue et paraissant ancienne.

« Rien au péricarde. Le cœur était assez

volumineux, sans lésion, et enveloppé d'une couche de graisse.

« Les parois du ventricule et de l'oreillette droite étaient minces, molles, d'un rouge pâle. Il y avait quelques points ossifiés à la valvule tricuspide, ainsi qu'aux valvules sigmoïdes. Ni sang, ni fibrine dans le ventricule droit, dont les parois étaient d'un rouge foncé : cette coloration se continuait jusqu'à l'artère pulmonaire.

« Pas de sang dans l'oreillette et le ventricule gauches. Il existait une ossification à la valvule mitrale, ainsi qu'aux valvules sigmoïdes de l'origine de l'aorte.

« Malgré les lésions, les fonctions de l'organe cardiaque n'ont pas été sensiblement troublées.

« *Cavité abdominale*. — L'abdomen était volumineux, arrondi et infiltré de graisse. Le canal intestinal contenait beaucoup de gaz et peu de matières stercorales. Pas de sérosité épanchée dans l'abdomen.

« Le foie était peu volumineux, le lobe gauche peu développé, le petit lobe brun foncé et doublé de volume, sans altération. La vésicule biliaire regorgeait d'une bile jaune noirâtre et contenait une trentaine de calculs, dont quelques-uns avaient le volume d'un gros pois. Les canaux cystique et cholédoque étaient assez dilatés pour permettre le passage de ces calculs.

« La rate était peu volumineuse, saine, excepté dans un point où il y avait un corps rond, de couleur rouge, du volume d'une grosse cerise, résistant, qui a paru être une tumeur vasculaire.

« Entre les deux feuillets du mésocolon transverse, on a trouvé une tumeur ovale de la grosseur d'un œuf de poule, placée en travers, près du bord supérieur du pancréas : elle était molle et contenait une matière d'un rouge noirâtre, mêlée dans quelques points d'une matière blanche, pâteuse. Elle était renfermée dans une sorte de kyste assez épais, présentant des ouvertures comme celles qui partent de l'intérieur d'une artère.

« Qu'était cette tumeur? Les avis furent partagés : pour les uns, c'était un anévrysme; pour les autres, c'était une tumeur variqueuse. Portal n'admit aucune de ces opinions et considéra la tumeur comme étant de nature stéatomateuse. Breschet et Ribes, en découvrant le tronc cœliaque, suivirent l'artère splénique jusqu'à la rate, et l'artère ne présenta aucune altération ; ce n'était donc pas un anévrysme. Poursuivant la dissection de la veine splénique jusqu'à la rate, on reconnut que c'était cette veine qui formait la tumeur. Cette tumeur était constituée par une substance fibrineuse d'un rouge tirant sur le noir, entremêlée d'une petite quantité de matière blanchâtre, molle, pâteuse, douce au toucher, semblable dans quelques points, à de la gélatine, dans d'autres, à du suif.

« Le pancréas était très volumineux, mais sain.

« L'estomac et le canal intestinal, distendus par des gaz, étaient d'un gris brunâtre à l'extérieur. A sa paroi interne, vers le grand cul-de-sac, l'estomac présentait des traces bien évidentes d'inflammation. A l'ouverture pylorique il existait une petite tumeur du volume d'un gros pois et de la nature des corps fibreux.

« Les tuniques muqueuses de l'intestin présentaient aussi les lésions caractéristiques des inflammations.

« Les reins avaient leur volume normal ; ils étaient enveloppés de graisse ainsi que les capsules surrénales.

« Les testicules étaient d'un petit volume.

Le gland était recouvert de son prépuce qui avait une ouverture très étroite, ce qui constituait un phimosis naturel. L'ouverture était si petite qu'il n'est guère probable que le gland eût jamais été mis à découvert, ce qui ferait supposer qu'il n'y a pas eu abus du coït.

« Les os avaient perdu leur solidité. Ils étaient facilement perméables au scalpel, surtout dans leur partie spongieuse.

« Les muscles étaient mous, pâles, décolorés. A la moitié inférieure des jambes, les muscles, leurs tendons, les aponévroses étaient confondus avec le tissu cellulaire sous-cutané, qui était comme lardacé.

« Les artères étaient vides et d'un petit calibre. Les veines étaient également vides et leur paroi interne était rouge, présentant des traces d'inflammation. »

Immédiatement après l'autopsie, on a procédé à l'embaumement ; tous les organes ont été remis en place : le corps fut placé dans un cercueil. Le 23 septembre, on le porta en grande pompe à Saint-Denis où il fut exposé pendant huit jours dans une chapelle ardente.

On lui fit des funérailles comme on n'en avait pas vu depuis longtemps.

MAISON MÉDICALE

Louis XVIII avait mis sa maison médicale, qu'on appelait la petite Faculté, sur un pied un peu moins grandiose que ses prédécesseurs.

Son premier médecin était *Portal*, à l'instigation duquel il fonda l'Académie de médecine en 1821 ; le premier médecin ordinaire était *Alibert,* professeur à la Faculté de médecine et médecin de l'hôpital Saint-Louis.

Le premier chirurgien était le Père *Élisée*, ayant au-dessous de lui *Distel,* comme premier chirurgien ordinaire. C'était un singulier choix, mais qui s'explique par un sentiment de reconnaissance. Marie-Vincent Talochon, né à Thorigny, près Meaux, en 1753, était entré dans la maison des frères de la Charité, sous le nom de frère Élisée, s'y était adonné à la chirurgie et était devenu chirurgien dans les hôpitaux de cet ordre. Il émigra en 1792, passa à l'armée de Condé, dont il fut le chirurgien en chef, puis suivit le comte de Provence (Louis XVIII) en Pologne et en Angleterre, soigna les plaies de ce prince qui le nomma son premier chirurgien en 1797. Appelé au trône de France, Louis XVIII lui conserva son titre, et, chose assez bizarre, ce fut le Père Élisée qui, en 1815, prononça, à la première séance de la commission nommée par le roi, le discours ayant pour objet de rendre compte de l'état actuel de l'enseignement dans les écoles de médecine et de chirurgie du royaume. Le Père Élisée est mort aux Tuileries, le 27 novembre 1817.

CHARLES X

1824-1830

Né le 9 octobre 1757, à Versailles, Charles X avait 73 ans quand éclata la Révolution de juillet 1830. Après un exil douloureux sur le sol anglais, il avait été accueilli avec sa famille dans le château de Prague en 1836. Il s'était décidé à quitter la Bohême. « Göritz, dit Louis Blanc, l'attirait par la salubrité de ses eaux, la douceur de son climat et aussi par le voisinage du chaud soleil d'Italie : la famille se mit en route... Comme le choléra s'avançait, on dut s'arrêter à Budweiss, dans une petite et misérable auberge. Le duc de Bordeaux y tomba malade et de ses souffrances qui furent cruelles, il lui resta longtemps une grande pâleur (1). »

Charles X et sa suite arrivèrent à Göritz le 21 octobre 1836.

Le mardi 1ᵉʳ novembre, Charles X avait éprouvé un refroidissement à la suite duquel eurent lieu des évacuations alvines répétées, sans douleur ni fièvre. Il ne s'en préoccupa point; néanmoins, le vendredi 4, jour de la Saint-Charles, après avoir eu un peu froid à la messe, il rentra dans ses appartements et fit appeler le docteur Bougon. Ancien chirurgien militaire, Bougon s'était attaché aux Bourbons, était devenu premier chirurgien ordinaire du comte d'Artois, qui fut plus tard Charles X, et avait fait preuve du plus grand dévouement dans la nuit du 14 février 1820, en suçant la plaie du duc de Berry, blessé à mort à la porte de

(1) L. Blanc, *Histoire de Dix ans*, t. V, p. 129.

l'Opéra. Ce dévouement n'était pas resté sans récompense, et le 2 février, lorsque Louis XVIII réorganisa la Faculté de médecine, Bougon fut nommé professeur de clinique chirurgicale à l'Hôpital de perfectionnement, plus tard appelé Hôpital des cliniques. La reconnaissance avait été mauvaise conseillère, car Bougon n'avait aucune des aptitudes nécessaires à l'enseignement ; de plus, c'était un opérateur plus que médiocre. Bougon quitta la France après la Révolution de 1830 et suivit la famille exilée.

Charles X ne dîna pas, mais il se rendit au salon. On constata qu'il avait la voix un peu éteinte et caverneuse et qu'il paraissait très affaibli.

Dans la nuit du 4 au 5 novembre, ses déjections étaient plus abondantes ; des vomissements, des crampes violentes et fréquentes se manifestèrent, les selles étaient caractéristiques, le pouls déprimé, la voix altérée, les yeux enfoncés dans les orbites, l'extrémité des doigts et des ongles cyanosée ; le ventre était mat, les urines étaient supprimées.

C'étaient tous les symptômes du choléra. Bougon fit aussitôt appeler le docteur Marini et le docteur Marcolini, d'Udine.

On prescrivit les bains de pieds sinapisés, des frictions alcooliques sur les membres.

L'intelligence était restée intacte. Le pouls redevint sensible, les pieds se réchauffèrent. Il y eut une apparence d'amélioration vers 7 heures et demie, mais elle fut de courte durée. La voix était éteinte.

Les évacuations devinrent plus fréquentes ; les crampes envahirent les muscles de la respiration et tous les symptômes s'accrurent jusqu'à la mort, qui eut lieu le 6 novembre, à une heure et demie du matin.

Le lendemain on pratiqua l'autopsie, opération bien inutile en pareille circonstance.

Voici le procès-verbal d'autopsie :

« Aujourd'hui, sept novembre mil-huit-cent-trente-six, les soussignés, déjà désignés au premier procès-verbal, se sont, en présence de Son Excellence Monseigneur le duc de Blacas d'Aulps, premier gentilhomme de la Chambre du Roi, de son Excellence M. le comte de Montbel ; de M. Billot, ancien procureur général ; de M. le baron Bourlet de Saint-Aubin ; de M. Louis de Balklai, docteur en médecine, commissionné à cet effet par Son Excellence monseigneur le Gouverneur du Littoral et assistés de M. Joseph Marini, chirurgien de la ville de Göritz, réunis trente-six heures après la mort de Sa Majesté Charles X, pour l'ouverture et l'examen anatomique de son corps et avant qu'il fût déplacé du lit de parade où il était exposé, ils ont remarqué : 1° un affaissement considérable des yeux par suite de l'absorption presque complète de leurs parties fluides ; 2° une grande contraction des doigts et surtout des pouces, qui s'appliquaient fortement sur la racine des annulaires; 3° les ongles étaient très noirs, des taches violacées recouvraient le dos des mains, on observait des marbrures noirâtres sur les pieds, et les orteils participaient de la couleur des doigts ; enfin il y avait une rigidité considérable du tronc et des extrémités.

« On a transporté ensuite le corps de Sa Majeté dans la salle destinée à l'examen anatomique, et là, les deux cavités thoracique et abdominale ayant été simultanément ouvertes, les soussignés y ont observé et fait observer :

1° Une injection évidente des extrémités capillaires veineuses du grand épiploon, aux différentes circonvolutions intestinales et spécialement à la petite courbure de l'estomac; 2° ce viscère était fortement distendu par des gaz, tandis que toutes les autres parties du canal intestinal en contenaient très peu ; 3° l'estomac étant ouvert a laissé échapper une grande quantité de liquide blanchâtre, semblable à celui que, plus tard, on a trouvé dans les gros intestins et pareil à celui qui avait été rendu par le Roi dans la journée du 5 novembre ; 4° la membrane muqueuse du duodénum était peu colorée par la bile, celle de l'iléum injectée dans les capillaires et les glandes de Peyer et de Brunner sensiblement développées vers la fin de cette portion intestinale ; 5° cette injection veineuse existait encore, quoique à un moindre degré, dans le cæcum, au commencement du côlon, mais plus loin on n'en apercevait plus aucune trace; 6° la consistance de toutes les membranes intestinales, considérées dans leur ensemble, était flasque et se laissait facilement détacher et diviser par les instruments ; 7° la vésicule était distendue par un fluide dense et noirâtre, le foie injecté, mais cependant son volume et sa consistance ne s'écartaient pas de l'état naturel ;

8° la rate s'est trouvée petite et mollasse, les reins dans l'état sain, mais un calcul mural, du volume d'une amande était engagé dans le bassinet droit, et cependant Sa Majesté n'avait jamais éprouvé aucune douleur à la région du rein droit ; jamais chez elle, ni la sécrétion ni l'excrétion de l'urine n'avaient été troublées, mais à différentes époques de la vie, elle avait été atteinte par la goutte ; 9° en fendant les reins selon leur longueur, leur parenchyme, d'ailleurs dans l'état normal, a laissé sortir une très petite quantité de sérosité muqueuse blanchâtre et n'ayant pas même l'odeur de l'urine ; 10° la vessie contenait quelques gouttes d'une semblable sérosité ; ce viscère était très contracté et il paraissait y avoir une légère injection vers son col ; 11° les poumons étaient sains, mais tout le droit adhérait fortement aux parois du thorax, et particulièrement à la partie supérieure ; 12° le volume du cœur était naturel, mais son tissu musculaire était flasque, et le ventricule gauche, qui contenait une grande quantité de sang noirâtre, poisseux et comme dissous, l'a laissé s'en échapper, à la manière d'un sirop, par l'ouverture aortique et l'aorte, lorsqu'on a suffisamment incliné le cœur de sa pointe vers la base. Cet état pathologique du sang est d'ailleurs l'un des caractères spécifiques de la maladie qui a terminé si rapidement les jours de Sa Majesté, et il est en outre à noter qu'on n'a trouvé, dans aucune partie du système vasculaire sanguin, de sang coagulé.

« La cavité cérébrale ayant été ensuite ouverte, on y a remarqué que le cerveau, le cervelet, la moelle allongée et leurs membranes étaient dans l'état normal, à l'exception toutefois d'un peu d'injection qu'on observait dans la substance corticale, à la partie supérieure des hémisphères. Enfin, il faut observer ici que le système nerveux ganglionnaire abdominal n'offrait aussi aucune altération dans son apparence et dans sa texture.

« Maintenant, si de toutes ces observations anatomo-pathologiques, faites d'ailleurs avec le plus grand soin et dans le désir sincère de s'éclairer sur la nature de la maladie à laquelle a succombé Sa Majesté Charles X, les soussignés se rappellent : 1° l'état déjà décrit du sang dans le cœur et dans les vaisseaux sanguins ; 2° les apparences des liquides trouvés dans l'estomac et dans le canal intestinal ; 3° la qualité de la bile vésiculaire ; 4° l'absence d'urine dans les reins et dans la vessie ; 5° l'affaissement rapide des yeux ; 6° la coloration en noir des extrémités ; 7° enfin ; la contraction des doigts et la flexion des pouces dans la paume des mains ; ils croient pouvoir trouver la confirmation de l'opinion qu'ils ont précédemment émise dans leur premier procès-verbal.

« Fait à Göritz, lesdits jour et an que dessus, et signé après lecture :

> BLACAS D'AULPS. — J.-M. MARCOLINI, MONTBEL, BILLOT, BOUGON, J. docteur MARINI, baron BOURLET, docteur Louis DE BAKLAI, Joseph MARSINI, chirurgien de la ville de Göritz. »

Le même jour eut lieu l'embaumement.

« Tous les viscères, qui avaient été détachés du corps pour l'examen anatomique, ont été, chacun séparement, nettoyés et lavés successivement avec le vinaigre, le vinaigre aromatique, l'alcool ou l'alcool camphré aromatique, puis plongés et macérés dans l'alcool saturé d'hydrochlorate de mercure, à l'exception des poumons, des intestins et du foie pour lesquels organes on a employé l'acide pyroligneux.

« Pendant ces lotions, ces immersions et

ces macérations diverses, les trois cavités splanchniques du corps ont été traitées de la même manière, et des incisions profondes et longitudinales ont été pratiquées dans l'épaisseur des parties musculaires du tronc et des extrémités.....

« Le cœur, réservé pour une préparation particulière, a été, après les lotions nécessaires, placé dans l'alcool aromatique.

« Puis on a replacé les différents viscères dans leurs situations anatomiques respectives ; ces viscères ayant été préalablement enduits d'un vernis chargé de baumes orientaux et saupoudrés de poudre aromatique. Des poudres plus fines et plus précieuses ont été employées pour la préparation du cerveau.

« Les sutures exigées ont été ensuite pratiquées; le corps enduit de vernis et recouvert de bandelettes, la tête, les mains et les pieds ayant été d'abord enveloppés de taffetas blanc.

« Enfin le corps embaumé, comme dit est, a été placé dans un linceul et reporté sur le lit de parade (1)...

Signé : J. Marcolini, docteur Marini, Joseph Massini, Bougon, Ig. de Fornasari. »

« Le 11 novembre les portes du couvent de Graffenberg s'ouvrirent pour les funérailles... Le corps fut porté au couvent des Franciscains, situé sur une hauteur, à peu de distance de la ville. Ce fut là dans un sépulcre vulgaire, à la lueur d'une lampe, que les amis du monarque déchu furent admis à le contempler pour la dernière fois. Le corps avait d'abord été déposé dans une bière provisoire ; il en fut extrait pour être mis dans un cercueil de plomb, sur lequel fut gravée l'inscription suivante :

---

(1) Montbel. — *Dernière époque de l'histoire de Charles X; ses derniers voyages, sa maladie, sa mort, ses funérailles......* Paris, Augé, 1836, in-8.

Ci-gît

TRÈS HAUT, TRÈS PUISSANT ET TRÈS EXCELLENT PRINCE
DU NOM
CHARLES Xe
PAR LA GRACE DE DIEU, ROI DE FRANCE ET DE NAVARRE
MORT A GÖRITZ LE 6 NOVEMBRE 1836,
AGÉ DE 79 ANS ET 28 JOURS.

Toutes les maisons régnantes d'Europe prirent le deuil d'étiquette, à l'exception de la maison d'Orléans (1). »

MAISON MÉDICALE

Comme tous les souverains, ses prédécesseurs, Charles X avait sa maison médicale. Elle était composée d'un premier médecin, le baron *Portal*, — d'un médecin ordinaire, le baron

(1) L. Blanc, *ouv. cit.*, p. 131.

Alibert, professeur de la Faculté de médecine, — de deux médecins ordinaires, les docteurs P. *Auvity* et *Fr. Guéneau de Mussy* ; — d'un premier chirurgien honoraire, *Distel*, — d'un premier chirurgien, *Dupuytren*, — de deux premiers chirurgiens ordinaires, *Thévenot de Saint-Blaise* et *Bougon.*

Portal et Alibert avaient rempli les mêmes fonctions sous Louis XVIII. Ils sont trop connus pour que nous nous arrêtions sur leurs noms. Il est bon toutefois de rappeler que c'est à Portal qu'on doit la fondation de l'Académie de médecine.

Distel, quoique complètement inconnu aujourd'hui, avait été premier chirurgien de Louis XVIII, après la mort du père Élisée. Il avait fait partie de l'Académie de médecine, lors de sa fondation et est mort le 12 septembre 1832, tout à fait oublié.

Dupuytren fut nommé premier chirurgien le

26 septembre 1824, lors de l'organisation de la maison médicale de Charles X, monté sur le trône le 16 septembre. Sa fidélité à la branche des Bourbons est connue et on sait qu'en 1830 il mit un million à la disposition du roi détrôné.

Thévenot de Saint-Blaise était un chirurgien militaire qui avait fait les campagnes de 1806 à 1815, avait été nommé chirurgien du Roi par quartier en 1817, et chirurgien adjoint au premier chirurgien en 1820. Lors de la réorganisation de la Faculté de médecine en 1823, il fut nommé agrégé, sans concours.

Bougon, ancien chirurgien militaire, a été auprès de la famille des Bourbons un exemple rare de fidélité. Il dut sa fortune à ses opinions pieuses et royalistes, fut nommé en 1823 professeur de clinique chirurgicale à la Faculté de médecine, s'exila en 1830 avec la famille déchue et mourut à Vienne en 1851.

Les médecins par quartier étaient Orfila, P.-J. Pelletan, Cabanellas, Salmade, Vallerand de la Fosse, Antoine Auvity, Dalmas et J.-P. Martin. Quelques-uns sont complètement inconnus.

Les chirurgiens par quartier étaient Marjolin, Ribes fils, Vesque, Moreau, J.-E. Nolin, Dalliez, Nicod et Chauvot de Beauchesne.

La maison du Roi comptait encore des médecins et chirurgiens consultants, un chirurgien renoueur ou rebouteur, Thierry Valdajou, un chirurgien dentiste, Dubois Foucou, et trois pharmaciens.

D'un si nombreux personnel médico-chirurgical, Bougon seul accompagna la famille exilée. En 1870, le docteur Lucien Corvisart donna la même preuve de fidélité à Napoléon III et à sa famille.

LOUIS-PHILIPPE

1830-1848

Lorsque Louis-Philippe monta sur le trône en 1830, Portal, qui avait été médecin de Louis XVIII et de Charles X, et qui était âgé de quatre-vingt-huit ans, se présenta au roi pour lui demander à conserver près de lui sa place de premier médecin. — « J'ai mon médecin depuis longtemps, répondit le roi, c'est le docteur Marc et je le conserve. » — C'est juste, répondit Portal; mais je prie Votre Majesté, de m'accorder sa survivance. » Cette réponse était pleine d'esprit et d'à-propos. Portal, malgré son grand âge, était insatiable de places et d'honneurs. Il mourut deux ans après, en 1832, nonagénaire. Marc est mort en 1840 et a été remplacé par le professeur Fouquier.

Chomel, professeur de clinique médicale à la Faculté de médecine, avait été nommé médecin consultant du Roi en 1831. Il était médecin particulier de la duchesse d'Orléans, et ce fut lui qui eut la pénible et délicate mission d'aller annoncer à la duchesse d'Orléans, à Plombières, la nouvelle de l'accident arrivé au duc d'Orléans, le 13 juillet 1842. Chomel resta attaché à la famille par le cœur, même après la déchéance du roi. Il refusa en 1852, après le coup d'État, de prêter serment à l'Empire et il fut destitué de sa chaire de clinique médicale à l'Hôtel-Dieu. « Ma fidélité, écrivit-il, est acquise et due au malheur. »

La famille d'Orléans, en exil sur le sol anglais, qui reçoit, sans acception de parti, toutes nos grandeurs déchues, demanda à Chomel un médecin pour vivre près d'elle à Claremont.

Chomel désigna le docteur Henry Gueneau de Mussy, médecin du Bureau central des hôpitaux, qui resta en Angleterre jusqu'à l'abrogation des lois d'exil.

Né à Paris, au Palais-Royal, le 6 octobre 1773, Louis-Philippe, à part une variole confluente qu'il avait eue dans sa jeunesse, avait toujours joui d'une bonne santé. L'aîné de quatre enfants, il perdit son frère Antoine-Philippe, duc de Montpensier, qui mourut phtisique en Angleterre en 1807, à l'âge de 32 ans, et son second frère, le duc de Beaujolais, à Malte, en 1808, de la même maladie, à l'âge de 29 ans : sa sœur, la princesse Adélaïde, plus jeune que lui de quatre ans, est morte le 31 décembre 1847 à l'âge de 70 ans.

Peu de temps après l'arrivée du docteur H. Gueneau de Mussy à Claremont, beaucoup de personnes qui composaient la maison et la suite de Louis-Philippe, furent atteintes des symptômes d'empoisonnement. Sur 38 personnes qui habitaient Claremont, 13 furent malades, savoir 11 hommes et 2 femmes. Les princes ne furent pas atteints, pas plus que l'ex-roi. H. Gueneau de Mussy constata que ces accidents étaient dus à une intoxication saturnine produite par l'eau qui coulait dans des tuyaux de plomb. (*Arch. méd.*, 1849, t. XX, p. 283.)

Tous les événements qui s'étaient produits depuis la mort de sa sœur la princesse Adélaïde, la perte de sa couronne, son exil, l'âge de 75 ans, avaient ébranlé la robuste constitution de Louis-Philippe. Vers le milieu du mois d'août 1850, il fut pris d'un refroidissement, de frissons, de douleur de côté, signes classiques d'une pleuro-pneumonie, à laquelle il succomba le 26 août, à l'âge de 77 ans.

La maladie n'ayant présenté aucun phénomène particulier, la famille a demandé que l'autopsie ne fût pas faite.

Le corps a été ramené à Dreux, le 9 juin 1875, et il repose dans une chapelle de famille, ainsi que Louis-Philippe l'avait demandé. « Je demande, quel que soit le lieu de ma mort, que mon corps soit transporté sans pompe à Dreux, afin d'y être enseveli dans le tombeau situé en avant de l'autel de la Sainte Vierge. »

Sa volonté fut exécutée et il y repose avec l'ex-reine Marie-Amélie, le duc et la duchesse d'Orléans et plusieurs princes et princesses de sa famille.

LES NAPOLÉONS

NAPOLÉON Ier

1804-1815

Né à Ajaccio le 15 août 1769, il était le fils de Charles-Marie Bonaparte et de Letizia Ramolino. Ch. M. Bonaparte est mort à Montpellier en 1785, d'un cancer à l'estomac, âgé de 39 ans, ainsi que l'a révélé l'autopsie, et sa femme est morte en 1836, à l'âge de 86 ans.

Exilé depuis le mois de novembre 1815 à Sainte-Hélène, île située à 15°, 15' de latitude sud, Napoléon eut beaucoup à souffrir du climat de cette île inhospitalière. Les fonctions digestives furent les premières altérées et, au commencement de 1821, il ressentit les premières atteintes du mal qui devait l'emporter. Il avait beaucoup maigri; il éprouvait dans le côté gauche une douleur sourde, s'étendant jusqu'à l'épaule, était sujet à des vomissements, à de la constipation.

Le 17 mars 1821, il sortit pour la dernière fois en calèche. Le docteur Antommarchi, qui lui donnait des soins constants et dévoués, écrivait le 18 juillet 1820 au comte Colonna que l'empereur avait une hépatite chronique, maladie endémique à la latitude de l'île Sainte-Hélène. « Les fonctions hépatiques, disait-il, ne s'accomplissent plus et celles des voies digestives sont tout à fait anéanties » (1). Il y avait des améliorations, des rechutes. Ce n'a plus été que brusques alternatives.

Les douleurs augmentèrent, la maladie s'aggrava de jour en jour, les vomissements noirâ-

(1) Antommarchi, *Mémoires*, t. II, p. 39 (17 mars)

tres caractéristiques disparurent et le malade succomba le 5 mai 1821, à 5 heures 49 minutes de l'après-midi, dans sa 52ᵉ année.

L'autopsie fut faite par le docteur Antommarchi en présence des généraux Bertrand et Montholon, de Marchand, de Thomas Reade, des docteurs anglais Arnott, Charles Mitchell, Mathieu Livington et d'autres médecins, au nombre de huit.

AUTOPSIE DE NAPOLÉON 1ᵉʳ, PAR LE DOCTEUR ANTOMMARCHI.

« Le cadavre était gisant depuis vingt heures et demie. Je procédai à l'autopsie; j'ouvris d'abord la poitrine. Voici ce que j'observai de plus remarquable.

Les cartilages costaux sont en grande partie ossifiés.

Le sac formé par la plèvre costale du côté gauche contenait environ un verre d'eau de couleur citrine.

Une couche légère de lymphe coagulable couvrait une partie des faces des plèvres costale et pulmonaire correspondantes du même côté.

Le poumon gauche était légèrement comprimé par l'épanchement, adhérait par de nombreuses brides aux parties postérieure et latérale de la poitrine et au péricarde; je le disséquai avec soin, je trouvai le lobe supérieur parsemé de tubercules et quelques petites excavations tuberculeuses.

Une couche légère de lymphe coagulable couvrait une partie des faces des plèvres costale et pulmonaire correspondantes de ce côté.

Le sac de la plèvre costale du côté droit renfermait environ deux verres d'eau de couleur citrine.

Le poumon droit était légèrement comprimé

par l'épanchement ; mais son parenchyme était en état normal. Les deux poumons étaient généralement crépitants et d'une couleur naturelle. La membrane *plus composée* ou muqueuse de la trachée artère et des bronches était assez rouge et enduite d'une assez grande quantité de pituite épaisse et visqueuse.

Plusieurs des ganglions bronchiques et du médiastin étaient un peu grossis, presque dégénérés, et en suppuration.

Le péricarde était en état normal et contenait environ une once d'eau de couleur citrine. Le cœur, un peu plus volumineux que le poing du sujet, présentait, quoique sain, assez de graisse à sa base et à ses sillons. Les ventricules aortique et pulmonaire et les oreillettes correspondantes étaient en état normal, mais pâles et tout à fait vides de sang. Les orifices ne présentaient aucune lésion notable. Les gros vaisseaux artériels et veineux auprès du cœur étaient vides et généralement en état normal.

L'abdomen présenta ce qui suit :

Distension du péritoine, produite par une grande quantité de gaz ;

Exsudation molle, transparente et diffluente, revêtant dans toute leur étendue les deux parties ordinairement contiguës de la face interne du péritoine.

Le grand épiploon était en état normal.

La rate et le foie durci étaient très volumineux et gorgés de sang ; le tissu du foie, d'un rouge brunne présentait du reste aucune altération notable de structure. Une bile extrêmement épaisse et granuleuse remplissait et distendait la vésicule biliaire. Le foie, qui était affecté d'hépatite chronique, était uni intimement par sa face convexe au diaphragme ; l'adhérence se prolongeait dans toute son étendue, elle était forte, celluleuse et ancienne. La face concave du lobe gauche adhérait immédiatement et fortement à la partie correspondante de l'estomac, surtout le long de la petite courbure de cet organe, ainsi qu'au petit épiploon. Dans tous les points de contact, le lobe était sensiblement épais, gonflé et durci.

L'estomac parut d'abord dans un état des plus sains ; nulle trace d'irritation ou de phlogose, la membrane péritonéale se présentait sous les meilleures apparences. Mais en examinant cet organe avec soin, je découvris sur la face antérieure, vers la petite courbure et à trois travers de doigt du pylore, un léger engorgement comme squirrheux, très peu étendu et exactement circonscrit. L'estomac était percé de part en part dans le centre de cette petite induration. L'adhérence de cette partie au lobe gauche du foie en bouchait l'ouverture.

Le volume de l'estomac était plus petit qu'il ne l'est ordinairement.

En ouvrant le viscère le long de sa grande courbure, je reconnus qu'une partie de sa capacité était remplie par une quantité considérable de matières faiblement consistantes et mêlées à beaucoup de glaires très épaisses et d'une couleur analogue à celle du marc de café ; elles répandaient une odeur âcre et infecte. Ces matières retirées, la membrane *plus composée* ou muqueuse de l'estomac se trouva dans son état normal, depuis le petit jusqu'au grand cul-de-sac de ce viscère, en suivant la grande courbure. Presque tout le reste de la surface interne de cet organe était occupé par un ulcère cancéreux, qui avait son centre à la partie supérieure le long de la petite courbure de l'estomac, tandis que les bords irréguliers, digités et linguiformes de sa circonférence s'étendaient en avant, en arrière de cette surface intérieure et depuis l'orifice du cardia jusqu'à un bon pouce du pylore. L'ouverture arrondie, taillée obliquement en biseau aux dépens de la face interne du viscère, avait à peine quatre à cinq lignes de diamètre en dedans et deux lignes et demie au plus en dehors ; son bord circulaire, dans ce sens, était extrêmement mince, légèrement denteleé, noirâtre et seulement formé par la membrane péritonéale de l'estomac. Une surface ulcéreuse, grisâtre et lisse, formait d'ailleurs les parois de cette espèce de canal qui aurait établi une communication entre la cavité de l'estomac et celle de l'abdomen, si l'adhésion avec le foie ne s'y était opposée. L'extrémité droite de l'estomac, à un pouce de distance du pylore, était environnée d'un gonflement ou plutôt d'un endurcissement squirrheux annulaire de quelques lignes de largeur; l'orifice du pylore était dans un état tout à fait normal. Les bords de l'ulcère présentaient des boursouflements fongueux remarquables, dont la base, dure, épaisse et squirrheuse, s'étendait aussi à toute la surface occupée par cette cruelle maladie.

Le petit épiploon était rétréci, gonflé, extrêmement durci et dégénéré. Les glandes lymphatiques de ce repli péritonéal, celles qui sont placées le long des courbures de l'estomac, ainsi que celles qui avoisinent les piliers du diaphragme étaient en partie tuméfiées, squirrheuses, quelques-unes même en suppuration.

Le tube digestif était distendu par une grande quantité de gaz. A la surface péritonéale et aux replis péritonéaux, je remarquai de petites taches et de petites plaques rouges d'une nuance légère, de dimensions variées, éparses et assez distantes les unes des autres. La membrane *plus composée* de ce canal paraissait être dans un état normal. Une matière noirâtre et extrêmement visqueuse enduisait les gros intestins.

Le rein droit était dans un état normal; celui du côté gauche était déplacé et renversé sur la colonne lombo-vertébrale; il était plus long et plus étroit que le premier; du reste il paraissait sain. La vessie, vide et très rétrécie, renfermait une certaine quantité de gravier mêlé avec quelques petits calculs. De nombreuses plaques rouges étaient éparses sur la membrane *plus composée* ou muqueuse, les parois de cet organe étaient en état anormal.

Je voulais faire l'examen du cerveau. L'état de cet organe dans un homme tel que l'empereur était du plus haut intérêt; mais on m'arrêta durement : il fallut céder (1) ».

Les docteurs Schort, Mitchell et Burton assistèrent d'office à l'autopsie qui fut faite par Antommarchi seul.

(1) Antommarchi, *ouv. cité*, t. II, p. 160.

MAISON MÉDICALE

Napoléon, qui aimait le faste, eut cependant une maison médicale relativement modeste. Son premier médecin fut *Corvisart*, professeur à la Faculté de Médecine, médecin de l'hôpital de la Charité, remarquable clinicien et le véritable instigateur de la percussion pour le diagnostic des maladies de la poitrine et du cœur. Docteur régent de l'ancienne Faculté de médecine de Paris (7 septembre 1782), jouissant d'une réputation immense et méritée, aimé et apprécié de l'empereur qui le créa baron, Corvisart se retira avec l'Empire et mourut le 18 septembre 1821 d'une attaque d'apoplexie, à l'âge de soixante-six ans.

Corvisart fit appeler comme médecin ordinaire Jean Noël *Hallé*, également docteur de l'ancienne Faculté de Médecine (17 septembre 1778), professeur d'hygiène à l'École de

Santé, membre de l'Institut, et professeur au collège de France, où il succéda à Corvisart. Il est mort le 11 février 1822, à l'âge de soixante-huit ans.

Le premier chirurgien fut Alexis *Boyer*, professeur de médecine opératoire, puis de clinique externe à l'École de Santé, chirurgien de l'hôpital de la Charité, ami de Corvisart. En 1804, Napoléon le nomma son premier chirurgien et plus tard le fit baron de l'Empire. Excellent chirurgien, homme loyal, aux formes un peu rudes peut-être, Boyer avait débuté comme garçon barbier, puis obtint au concours la place de chirurgien gagnant maîtrise à l'hôpital de la Charité. Il est mort le 25 novembre 1833, à l'âge de soixante-treize ans.

Comme chirurgien ordinaire, Napoléon s'attacha *Yvon* qu'il fit baron et qui était chirurgien en chef des Invalides.

Les médecins consultants étaient en 1806,

Barthez, Lepreux, Malouet et Pinel. Barthez et Pinel seuls ont laissé un nom remarquable dans la médecine.

Les chirurgiens consultants étaient à la même époque Lassus, Pelletan, Percy et Sabatier.

Napoléon s'était remarié le 1er avril 1810 avec Marie-Louise, fille de l'Empereur d'Autriche. Peu après, elle devint grosse. Il choisit comme accoucheur de l'Impératrice, Baudelocque, chirurgien en chef de la Maternité. Mais Baudelocque mourut un mois après le mariage et fut remplacé par Antoine *Dubois,* professeur à la Faculté de médecine et successeur de Baudelocque à la Maternité. Ses honoraires comme accoucheur de l'Impératrice étaient de 15,000 francs.

L'Impératrice accoucha le 20 mars 1811.

L'accouchement fut difficile et laborieux. L'enfant se présentait par le siège. Dubois fit part à Corvisart de ses craintes et en informa l'Empereur, lui demandant d'être autorisé à appeler quelques confrères en consultation. « M. Dubois, dit Napoléon, si vous n'étiez pas ici, c'est vous et vous seul qu'on irait chercher : retournez près de l'Impératrice et traitez-la comme vous le feriez de la femme d'un marchand de la rue Saint-Denis ». L'accouchement se fit et quand l'enfant eut respiré, l'Empereur le prit dans ses bras, le montra à la Cour, puis le remit à Dubois en lui disant : « Baron Dubois, voilà votre enfant. »

Dubois reçut en même temps le titre de baron de l'Empire, la somme de cent mille francs et la Croix de Chevalier de la Légion d'honneur.

Cet enfant, né roi de Rome, chanté et

> ...bercé par les faiseurs
> De vers, de chansons, de poèmes,

alla mourir phtisique à Schoenbrun, en Autriche, le 22 juillet 1832, à la Cour de son aïeul maternel, sous le nom de duc de Reichstadt et avec le grade de lieutenant-colonel autrichien.

NAPOLÉON III

1852-1870

Né au Palais des Tuileries le 20 avril 1808, Charles-Louis Napoléon Bonaparte était le troisième fils de L. N. Bonaparte, roi de Hollande et de la reine Hortense. Après une vie des plus accidentées, où il avait connu les amertumes de l'exil et les splendeurs du trône, il est allé terminer ses jours sur le sol anglais, le 9 janvier 1873, dans sa soixante-cinquième année.

En 1866, pendant son séjour à Vichy, Napoléon éprouva quelques troubles urinaires pour lesquels le D\u1D63 Guillon père fut consulté. On constata un rétrécissement circulaire de la portion membraneuse de l'urèthre, la plus rapprochée de la portion spongieuse. Une sonde à bout olivaire, d'un très petit calibre, passa sans trop de résistance et la vessie fut vidée. Le cathétérisme fut renouvelé plusieurs fois.

A partir de cette époque, la santé de l'Empereur laissa à désirer.

Le 1er juillet 1870, l'Empereur étant très souffrant, une consultation eut lieu aux Tuileries. Les médecins consultants étaient Nélaton, Ricord, Fauvel, Corvisart et Germain Sée. Ce dernier fut chargé de rédiger la consultation et de la remettre au Dr Conneau, qui était nominativement le premier médecin de l'Empereur. Mais cette consultation n'a pas été présentée à la signature des médecins consultants, ni communiquée à l'Impératrice, comme il avait été convenu. Elle a été trouvée dans les papiers du Dr Conneau, aux Tuileries (1), après le

(1) *Papiers trouvés aux Tuileries*, 1870. Tome III.

4 septembre 1870. Elle prouve que l'Empereur a entrepris la guerre désastreuse de 1870 dans les conditions les plus déplorables et que, si cette consultation eût été connue, on ne se serait pas lancé légèrement dans une guerre qui a été si fatale à la France.

Consultation rédigée par le Dr G. Sée.

« 1° Hyperesthésies cutanées et musculaires d'origine anémique. Ces hyperesthésies se caractérisent par des douleurs superficielles de la peau des cuisses, douleurs qui s'exaspèrent au moindre toucher, diminuent au contraire par la pression et reviennent sous les influences les plus variées, particulièrement du froid. Dans les muscles, près des articulations des pieds, on retrouve une grande sensibilité, soit spontanée, soit provoquée, des attaches musculaires, et cette sensibilité sous forme d'élancements, reparaît aussi parfois sous l'influence du froid. Ceci ne prouve pas leur nature rhumatismale; tout ce qui est provoqué par le froid n'est pas rhumatique. Le malade n'a jamais eu de rhumatisme articulaire, bien que ces douleurs datent déjà de vingt ans, c'est-à-dire d'une époque où il y a eu deux graves causes d'anémie. Ces hyperesthésies nervo-musculaires sont en effet presque toujours dues à l'anémie.

2° L'anémie, dont il reste à peine des traces autres que ces douleurs, a été bien peu caractérisée autrefois ; elle était due à une captivité de six ans, c'est-à-dire à une aération insuffisante et aux influences morales.

Une cause physique est venue s'ajouter à ces diverses causes d'anémie; c'est un flux hémorrhoïdal assez considérable et surtout presque permanent pendant six ans.

Aujourd'hui l'anémie a presque disparu ; il

n'y a pas de souffle dans les vaisseaux ni dans le cœur ; les battements du cœur et les bruits de l'organe sont faibles, mais parfaitement réguliers ; il n'y a pas de trace de palpitations, et s'il y a eu des syncopes autrefois, cela prouve qu'il existait encore de l'anémie, mais pas de maladie de cœur, comme cela aurait eu lieu dans le rhumatisme.

3° Quelques phénomènes goutteux se sont montrés, çà et là, dans les jointures des pieds, et récemment encore, mais sans rhumatisme, sans autre complication intérieure qu'une lésion de la vessie. Il y a bien de temps à autre du ballonnement du ventre, quelquefois de la susceptibilité de l'estomac et des intestins, mais c'est là le fait habituel aux hémorrhoïdaires.

Nous concluons donc en disant que les troubles digestifs, de même que les douleurs périphériques sont dus aux hémorrhoïdes et à l'anémie consécutive ; mais il reste à interpréter la lésion de la vessie.

4° Altération des voies urinaires. Depuis cinq ans il y a eu quatre hématuries ; à la suite de celle de 1867, les urines sont restées pendant un an muco-purulentes ; puis elles se sont éclaircies ; et depuis le mois d'août 1869, où il y a eu des accidents aigus et graves dans les organes urinaires, les urines ont constamment contenu une certaine quantité de pus, évaluée au minimum à 1/40 et pendant la période aiguë à 1/4 ou à 1/3 de la totalité des urines.

Très souvent aussi il y a eu de la dysurie, de la lenteur très marquée pour uriner le matin ; d'autres fois des interruptions du jet de liquide et par moments il y a eu des difficultés telles qu'il a fallu recourir à la sonde ; c'est ce qui est arrivé à Vichy il y a trois ans, et au mois d'août 1869. Il est à noter aussi que, depuis ce temps, l'équitation et les secousses de la voiture réveillent souvent des douleurs dans les reins ou dans le bas-ventre, ou au fondement. Or, une maladie caractérisée par ces trois phénomènes : 1° hématuries répétées; 2° urines purulentes depuis près de trois ans, avec des altérations plus ou moins marquées ; 3° dysurie fréquente, caractérisée par le spasme ou par l'inertie de la vessie, ne peut être rapportée qu'à une *pyélocystite calculeuse*.

S'il n'y avait eu que les urines purulentes, on aurait pu songer à un simple catarrhe. Si on n'avait pas à tenir compte de ce qui s'est passé avant le mois d'août 1869, on pourrait penser à un abcès prévésical ouvert dans l'urèthre.

Mais les hématuries antérieures, mais la persistance de la purulence des urines depuis un an, le retour fréquent de la dysurie et l'augmentation des douleurs par les secousses doivent faire songer à une cystite d'origine calculeuse, que ce calcul soit placé et enchatonné dans la vessie ou qu'il ait eu son siège primitif dans les reins.

Il y a eu d'ailleurs, de temps à autre, un excès d'acide urique et d'urates dans les urines.

C'est pourquoi nous considérons comme nécessaire le cathétérisme de la vessie, à titre d'exploration, et nous pensons que le moment est opportun, par cela même qu'il n'y a actuellement aucun phénomène aigu.

Si, en effet, la dysurie ou la purulence, ou les douleurs augmentaient ou reparaissaient, on aurait à craindre de provoquer par l'exploration une inflammation aiguë.

Professeur G. Sée.

Paris, 3 juillet 1870. »

De cette consultation il résulte, et cela tout

à l'honneur de la médecine française, que, le 1er juillet 1870, deux ans et demi avant la mort de Napoléon III, les médecins avaient, aussi formellement que possible, diagnostiqué l'existence d'un calcul vésical, conseillé l'exploration directe immédiate et ce n'est que plus de deux ans après que les médecins anglais ont vérifié l'exactitude du diagnostic des médecins français.

Ceux qui ont gardé secrète cette consultation sont bien coupables aux yeux de l'humanité et de la politique; si elle eût été connue, la guerre n'eût probablement pas été déclarée. C'est le « grain de sable dans la vessie » selon l'expression de Bossuet qui a joué un si grand rôle dans le sort des peuples.

Aux premiers jours de janvier 1873, on apprit que l'ex-empereur était malade à Chislehurst, où il résidait depuis sa déchéance.

Le 6 janvier, le Dr Corvisart, qui l'avait

suivi dans son exil, et qui lui donnait des soins avec les docteurs Henry Thompson, W. Gull et Conneau, écrivait la lettre suivante :

« Lundi, 6 janvier.

« La deuxième opération a été faite aujourd'hui. Elle a été assez laborieuse au début ; un fragment déjà passé dans la partie prostatique de la vessie bouchait l'entrée et blessait l'organe ; mais M. Thompson l'a tourné enfin et saisi avec habileté.

« On a encore enlevé par l'instrument lithotriteur une portion un peu plus considérable que la dernière fois. La première portion était *grosso modo*, évaluée à 1/5 du tout. Cela devait faire à peu près la moitié d'enlevé.

« Mais il se trouve que le noyau de la pierre, loin d'être très dur et formé d'oxalate de chaux, comme cela aurait pu être, est beaucoup plus friable et mou que le reste, c'est-à-dire la croûte extérieure, chance heureuse qui permet d'espérer que plus de la moitié est fait.

« A partir de la huitième heure qui a suivi la première opération, il n'y a pas eu un instant de fièvre, quoi qu'il y ait eu de grandes souffrances ; espérons qu'il en sera de même après cette deuxième séance plus laborieuse.

« Nous avons toutefois dû reculer de deux heures l'opération de ce matin ; elle devait avoir lieu à dix heures, mais l'empereur avait eu un frisson et un peu d'envie de dormir ; toutefois, cela parut un symptôme nerveux de faible importance, relativement à la convenance de l'opération. On attendit, tout rentra très rapidement dans l'ordre, le malaise fut considéré comme purement nerveux, et l'opération fut faite comme je vous ai dit. L'empereur est dans l'état que vous a dit le bulletin télégraphique.

« Maintenant, trois heures, il vient de dormir, n'a pas de souffrances plus grande qu'au même terme de la première opération, et demande du thé.

« BARON CORVISART. »

Les symptômes s'aggravèrent ; la maladie eut un cours rapide et le malade succomba deux heures après l'opération.

L'autopsie eut lieu le lendemain. En voici le rapport officiel :

Autopsie de Napoléon III

Le résultat le plus important de l'autopsie, c'est l'état inflammatoire des reins produit par l'irritation du calcul vésical (qui doit avoir séjourné dans la vessie pendant plusieurs années) ; cet état d'inflammation était tel qu'on n'aurait jamais pu le supposer ; en admettant même qu'on l'eût soupçonné, rien ne pouvait donner à cette opinion un caractère de certitude.

Les troubles constatés dans les reins étaient de deux espèces ; d'un côté, dilatation des deux uretères et de l'enveloppe des reins ; à cause de cette dilatation, l'altération était excessive et aurait donné lieu à une atrophie de la substance glandulaire de cet organe ; de l'autre côté, inflammation aiguë des conduits urinaires, d'origine plus récente.

Toutes les parties voisines de la vessie étaient dans un état satisfaisant ; la membrane muqueuse de la vessie et la prostate présentaient quelques signes inflammatoires, mais aucune trace d'ulcération ni d'écorchure.

Dans l'intérieur de la vessie se trouvait une pierre dont la forme indiquait qu'elle avait été brisée par la moitié. En outre, deux ou trois fragments de la grosseur d'un grain de chènevis. Cette moitié de calcul pesait trois quarts d'once (22 grammes) et mesurait un pouce et quart ou et demi. Il n'y avait aucun désordre du péricarde; tous les organes, sauf les reins, étaient sains.

Le sang était généralement liquide et ne contenait que peu de caillots. Aucune trace de l'obstruction par coagulation n'a été découverte, ni dans le système veineux, ni dans le cœur, ni dans les poumons.

La mort a été provoquée par un temps d'arrêt de la circulation ; elle doit être attribuée à l'état général constitutionnel du patient. Les désordres constatés dans les reins, désordres dont cet état était l'expression, étaient de telle nature et si avancés, que, dans un temps relativement court, le résultat fatal eût été le même.

Signé par tous les médecins présents : J. BURDON-SAUNDERSON, CONNEAU, CORVISART, H. THOMPSON, J.-T. CLOVER, John FOSTER.

Camden place, Chislehurst, janvier, 10, 1883. 6 1/2 P. M. (1). »

(1) *Lancet*, 1873, t. I, p. 111.

MAISON MÉDICALE

Après le vote qui l'appelait à l'Empire (2 décembre 1852), Napoléon III, suivant en cela l'exemple donné par ses prédécesseurs, constitua sa maison médicale par un Décret en date du 31 décembre 1852.

Elle fut ainsi composée :

Premier médecin et chef du service de santé : le Dr *Conneau*.

Médecins : *Andral* et *Rayer*, à 8000 fr.

Chirurgiens : *Jobert*, de Lamballe, le baron Hippolyte *Larrey*, 8000 fr.

Médecins et chirurgiens consultants : Louis, Bouillaud, Bégin, Michel Lévy, Bérard, Cloquet, Velpeau, Gaultier de Claubry ; à 6000 fr.

Médecins par quartier : Delarroque, Tenain, Corvisart, Boulu, Longet, Arnal, Vernois, L. Fleury ; à 6000 fr.

Ce qui portait à 176000 francs les honoraires de la maison médicale de Napoléon III, non compris ceux du premier médecin Conneau, qui n'ont pas été fixés par ce Décret.

A la mort d'Andral, le Dr *Corvisart*, neveu du baron Corvisart, fut appelé à le remplacer. Après 1870, il suivit l'Empereur dans son exil et lui fut fidèle dans sa mauvaise fortune comme il l'avait été dans sa bonne.

Napoléon Ier avait choisi comme accoucheur de l'Impératrice Marie-Louise, Antoine Dubois ; Napoléon III choisit pour accoucheur de l'Impératrice Eugénie, le professeur Paul *Dubois*, fils d'Antoine Dubois.

Le 20 mars 1811, l'Impératrice Marie-Louise accouchait du Roi de Rome ; le 16 mars 1856, l'Impératrice Eugénie mettait au monde Louis-Napoléon-Eugène-Jean-Joseph. Les deux accouchements furent également laborieux ; une application de forceps fut nécessaire pour extraire l'enfant de Napoléon III.

Ce dernier accouchement coûta cher au budget impérial. Les frais d'accouchement et de baptême s'élevèrent à 898,000 francs, savoir :

Médaillons en diamants..........	25000 fr.
Allocation aux médecins.......	62000
— à la sage-femme (Mme Alliot)......	6000
A la Société des auteurs et compositeurs dramatiques........	10000
A la Société des gens de lettres	10000
A la Société des artistes dramatiques...................	10000
A la Société des artistes musiciens....................	10000
A la Société des peintres, sculpteurs, etc.................	10000
A la Société des inventeurs industriels..................	10000

A la Société des médecins de la Seine....................	10000 fr.
Aux bureaux de bienfaisance de la Seine et du Commerce où sont situés les biens de la Couronne....................	93000
Layette.....................	100000
Gratification de quatre mois de traitement aux agents du service intérieur de l'Impératrice	11000
Spectacles gratis du 18 mars 1856	44000
Secours aux parents des enfants nés le 16	50000
Médailles aux auteurs et compositeurs des cantates de vers adressés à LL. MM. — Médailles aux troupes et élèves des Lycées................	85000
Brevets adressés aux parents des filleuls de LL. MM..........	20000

Cortège du baptême .... 172000 fr.
Gratifications aux gagistes de la maison de LL. MM 160000

Total .... 898000 fr.

Napoléon Ier avait nommé A. Dubois baron et chevalier de la Légion d'honneur. Un décret du 16 mars 1856 nommait P. Dubois et Conneau commandeurs de la Légion d'honneur La santé du jeune prince laissa beaucoup à désirer. Il était de tempérament lymphatique.

Un accident arrivé à une personne de la suite de l'impératrice fit appeler à la cour Nélaton, en l'absence de Jobert, de Lamballe. Le professeur Nélaton avait alors, depuis la blessure de Garibaldi, une réputation européenne. L'empereur et l'impératrice lui accordèrent toute leur confiance. Ce fut lui qui opéra en 1867, d'une affection grave de la hanche, le jeune prince, qui alla mourir tragiquement en Afrique en 1879, sur la terre des Zoulous.

APPENDICE

Le grand Dauphin.
La duchesse de Bourgogne.
Le duc de Bourgogne.
Le duc de Berry.
L'assassinat du duc de Berry.
Le comte de Chambord.
Conclusion.

LE GRAND DAUPHIN — LA DUCHESSE DE BOURGOGNE — LE DUC DE BOURGOGNE — LE DUC DE BERRY

Si, après avoir étudié ces morts royales, nous voulons retourner comme médecin au milieu de cette cour nombreuse de Louis XIV, nous assistons à une série de morts princières qui ne laissent point que de nous étonner.

Louis XIV aima un peu — régulièrement —, et beaucoup — irrégulièrement —; et parmi ses nombreux descendants de la main droite et de la main gauche la mort a frappé à l'aveugle et à coups précipités.

Elle commença par son fils, le Grand Dauphin.

Les mémoires du temps racontent qu'au milieu des champs, le Grand Dauphin rencontra un prêtre qui portait le viatique à une jeune fille atteinte de variole ; d'autres le font entrer par hasard dans la maison où était cette jeune fille. Bien qu'il eût déjà eu une varioloïde dans son enfance, il fut tellement impressionné qu'en rentrant le soir à Meudon, il fit part de ses craintes à Boudin, son premier médecin. Le lendemain, jeudi 9 avril 1711, il se lève pour aller courre le loup, mais il lui prend une faiblesse qui le fait tomber dans sa chaise : il se met au lit. Le 10, l'état est plus grave, on ne sait ce qui va se déclarer; on craint la petite vérole. Le 12, légère éruption au quatrième jour. Le 14, au matin, le médecin Fagon, l'oracle de la Cour, trouve que tout est pour le mieux. Les harengères de Paris vont voir le malade, sont admises aux pieds du lit et rapportent de bonnes nouvelles à Paris.

Mais dans la journée le Roi avait constaté l'enflure extraordinaire du visage et de la tête.

Cependant le malade n'avait pas reconnu la duchesse de Conti, ce qui avait alarmé Boudin. Le malade lui-même était inquiet sur son état.

A quatre heures de l'après-midi, il est plus mal. Boudin propose à Fagon de faire appeler d'autres médecins de Paris, parce que « eux, médecins de la cour ne voyaient jamais aucune maladie de venin. » (Saint-Simon. T. VII, p. 242.) Fagon s'y oppose énergiquement. A sept heures, Fagon et Boudin « entassent remèdes sur remèdes. » Le Roi se met cependant à table, et à peine en était-il sorti, que Fagon vint lui annoncer que tout espoir était perdu.

L'agonie sans connaissance dura près d'une heure. Le malade succomba le mardi 14 avril, vers minuit.

« Le pourpre, mêlé à la petite vérole dont il mourut, dit Saint-Simon, et la prompte infection qui en fut la suite, firent juger également inutile et dangereuse l'ouverture de son corps. »

La nuit de 15 au 16, le corps fut porté à Saint-Denis, sans pompe, ni deuil et descendu de suite dans le caveau royal, sans cérémonie.

Le Grand Dauphin, né le 1ᵉʳ novembre 1661, à Fontainebleau, était âgé de 49 ans, 5 mois et 14 jours. Il était veuf de Marie-Anne-Christine-Victoire de Bavière, décédée le 20 avril 1690, à l'âge de trente ans, d'une « maladie de langueur. »

Il laissait pour fils :

1° Louis, *duc de Bourgogne,* né le 6 août 1682 ;

2° Philippe *d'Anjou,* né le 19 décembre 1683, qui devint roi d'Espagne, sous le nom de Philippe V ;

3° Charles, *duc de Berry,* né le 31 août 1686.

Dix mois après la mort du Grand Dauphin, la duchesse DE BOURGOGNE, sa bru, devenue Dauphine à sa mort, tomba malade.

Née le 26 décembre 1685, Marie-Adélaïde de Savoie, fille de Victor-Amédée, roi de Sardaigne, avait épousé Louis, duc de Bourgogne, le 7 décembre 1697.

Le vendredi 5 février 1712, se trouvant indisposée, elle avait prisé un peu de tabac d'Espagne qui lui avait été offert dans une tabatière par le duc de Noailles. Elle eut la fièvre toute la nuit. Le samedi 6 février, elle se leva, mais la fièvre la reprit le soir, fièvre qui dura toute la nuit.

Le dimanche 7, la fièvre fut un peu moins forte, mais redoubla vers 6 heures du soir, avec une vive douleur au-dessous de la tempe « qui ne s'étendoit pas plus qu'une pièce de six sous. » (Saint-Simon.) La Dauphine ne put recevoir le Roi. « Cette sorte de rage de douleur dura sans relâche jusqu'au lundi 8, et résista au tabac en fumée et à mâcher, à quantité d'opium et à deux saignées du bras. La fièvre se montra davantage lorsque les douleurs furent un peu calmées. » (Saint-Simon, t. IX, p. 191.)

8-9 février. La nuit du 8 au 9, il y eut un assoupissement considérable avec fièvre forte, réveils courts, quelques taches sur la peau. On crut à une rougeole, bien qu'il n'y eût ni toux, ni enchifrènement. Ces taches étaient livides, violacées et ne ressemblaient pas à celles de la rougeole.

9-10 février. La nuit fut mauvaise. On prescrivit l'émétique, qui n'apporta aucun soulagement. Le mal augmenta; redoublement de la fièvre à onze heures du soir : nuit très mauvaise.

11 février. Le mal empire. La malade se confesse et reçoit l'extrême-onction. Cependant on a demandé une consultation. Sept médecins se réunissent et l'avis unanime est qu'une saignée du pied est nécessaire. Elle est pratiquée à sept heures du soir : la fièvre est un peu moins forte; mais la nuit est très mauvaise.

Le 12 *février*, au matin, on redonne encore de l'émétique, qui reste sans effet. La malade perd connaissance, a quelques lueurs de lucidité et meurt vers six heures du soir.

Contre de semblables phénomènes qu'ont fait les médecins? Voltaire (1) nous parle d'une rougeole pourprée épidémique qui sévissait alors avec beaucoup d'intensité et qui aurait fait périr à Paris plus de cinq cents personnes en un mois. Les symptômes ainsi que le traitement qui fut institué ne nous permettent guère de nous en rapporter à ce que dit Voltaire. En effet, les mémoires contemporains nous racon-

(1) Voltaire, *Siècle de Louis XIV*, Anecdotes, ch. xxvii.

tent que les médecins furent très perplexes. Le frisson initial, la fièvre, les douleurs névralgiques, les redoublements périodiques n'éveillèrent en rien leur attention. Que firent-ils? Deux saignées du bras, une du pied; ils prescrivirent l'émétique, et naturellement ce traitement fut sans effet. Pour cacher leur embarras ou leur ignorance, ils parlèrent vaguement de *venin*, de poison. Nul d'entre eux ne fut frappé de l'intermittence des symptômes; nul ne soupçonna une fièvre pernicieuse à forme pétéchiale, une fièvre larvée; nul ne songea au quinquina qui avait déjà guéri Louis XIV d'une fièvre intermittente rebelle et qui était, depuis près de trente ans, entré dans la thérapeutique, grâce à la protection du Roi, qui avait acheté le secret à l'Anglais Talbot, moyennant 8000 livres et une pension viagère de 2000 livres.

Une mort si imprévue frappa l'esprit du Roi

et de tout son entourage. Il voulut que l'autopsie fût faite. « Le rapport de l'ouverture du corps n'eut rien de consolant, dit Saint Simon (t. IX, p. 247) : nulle cause naturelle de mort, mais d'autres vers les parties intérieures de la tête, voisines de cet endroit fatal où elle avoit tant souffert. Fagon et Boudin ne doutèrent pas du poison et le dirent nettement au Roi, en présence de Mme de Maintenon seule. Boulduc (1) qui m'assura en être convaincu et le peu des autres à qui le Roi voulut parler et qui avoient assisté à l'ouverture, le confirmèrent par leur morne silence. Maréchal fut le seul qui soutint qu'il n'y avoit des marques de poison que si équivoques, qu'il avait ouvert plusieurs corps où il s'en étoit trouvé de pareilles et sur la mort desquelles il n'avoit jamais eu le plus

---

(1) Boulduc était l'apothicaire du Roi. Il affirma l'empoisonnement du Dauphin, de la Dauphine et du duc de Berry.

léger soupçon. Il m'en parla de même, à moi à qui il ne cachoit rien, mais il ajouta que néanmoins, à ce qu'il avoit vu, il ne voudroit pas jurer du oui ou du non. »

Lorsque la jeune Dauphine fut morte à Versailles, le Roi emmena le Dauphin au château de Marly, pour tâcher de dissiper sa douleur. C'était le 13 février au matin.

Cinq jours après la mort de la jeune Dauphine, le 17 février, le Dauphin tomba malade à son tour. La frayeur était grande à la Cour. Il fait appeler Boudin et lui déclare qu'il est atteint mortellement. Il se sent, dit-il, brûlé dans son intérieur : la fièvre est peu prononcée, le pouls est « enfoncé, extraordinaire, très menaçant, trompeur. » Nous ne savons ce que Boudin entendait par cette variété de pouls. Bientôt apparaissent des taches livides, comme celles qu'on observa chez sa jeune épouse, la Dauphine; puis la tête se prend et le malade a des convulsions. Même embarras chez les médecins ; ils n'y comprennent plus rien. « Nous n'entendons rien à de pareilles maladies », s'écrie Boudin. On ne songea pas davantage à des symptômes pernicieux ou infectieux, mais on parla encore de poison, moyen simple de cacher son ignorance, et le malade mourut après quarante-huit heures de maladie, le 18 février 1712, entre 7 et 8 heures du matin, à l'âge de trente ans.

Le roi demanda que l'autopsie fût faite et ce fut le chirurgien Mareschal, dont la loyauté et la franchise étaient connues, qui en fut chargé. Le corps fut porté à Versailles et c'est là que l'ouverture fut pratiquée. « Elle épouvanta, dit Saint-Simon : ses parties nobles se trouvèrent en bouillie; son cœur, présenté au duc d'Aumont pour le tenir et le mettre dans le vase, n'avoit plus de consistance; sa substance coula jusqu'à terre entre leurs mains; le sang dissous, l'odeur intolérable dans tout ce vaste appartement. » Cette autopsie est bien incomplète. Malgré tout le désir qu'avaient Fagon et Boudin de trouver du poison, on n'en trouva nulle trace, mais alors on dit qu'il était tellement subtil qu'on n'avait pu le rencontrer. Mareschal seul protestait contre ces accusations calomnieuses; il soutenait que le poison qui avait emporté le Dauphin et la Dauphine « était un venin naturel de la corruption de la masse du sang, enflammé par une fièvre ardente qui paroissoit d'autant moins qu'elle étoit plus interne; que de là étoit venue la corruption qui avoit gâté toutes les parties et qu'il ne falloit point chercher d'autre cause que celle-là, qui étoit celle de la fin très naturelle qu'il avoit vue arriver à plusieurs personnes, quoique rarement à un degré semblable. » (Saint-Simon, T. IX, p. 251.) Aujourd'hui on remplacerait le mot *venin* par celui de *ptomaïnes*.

Ce ramollissement qui avait tant frappé les médecins s'observe dans les fièvres pernicieuses (1).

Le 19, le cœur du duc de Bourgogne et celui de la duchesse furent portés au Val-de-Grâce.

Le 20 février, le corps du duc fut porté de Marly à Versailles, près de celui de la dauphine, et le 23 février, pendant la nuit, les deux corps furent placés dans un grand chariot de deuil et portés à Saint-Denis, où ils arrivèrent à sept heures du matin.

L'effroi fut considérable à la Cour et l'idée d'empoisonnement gagna les courtisans. S'il y

(1) Laveran, *Traité des fièvres palustres*, 1884, p. 79.

avait eu empoisonnement, il y avait un coupable et le coupable devait être intéressé à la mort des héritiers directs de la couronne.

Tous les soupçons se portèrent alors sur Philippe d'Orléans, neveu de Louis XIV.

Philippe d'Orléans, à la suite d'intrigues, avait été écarté de l'armée et de la cour. Pour se distraire il s'occupait de chimie avec Homberg et faisait des expériences dans son laboratoire. Il n'en fallait pas plus pour faire planer sur lui des soupçons criminels. Fort de sa conscience et de l'appui de l'honnête Mareschal, Philippe demanda lui-même à être mis en jugement : mais le Roi s'y refusa, repoussant hautement de semblables imputations.

Le dimanche 6 mars 1712, les deux enfants le duc de Bretagne et le duc d'Anjou (plus tard Louis XV) tombent malades, avec des marques de rougeole. Le mardi 8 on appelle en consultation cinq médecins de Paris. On prescrivit une saignée et le petit malade mourut le même jour, vers minuit, âgé de cinq ans et demi.

Le duc d'Anjou était encore au sein. On prescrivit également une saignée à laquelle s'opposa la duchesse de Ventadour, et le petit malade guérit.

Deux ans après, le 4 mai 1714, Charles duc de Berry, troisième fils du grand Dauphin, mourut à l'âge de vingt-huit ans, laissant encore planer sur sa mort des soupçons d'empoisonnement. Dans la nuit du 29 au 30 avril il avait eu la fièvre : il voulut se lever le matin, mais fut pris de frissons. Selon la mode du temps, il fut saigné. Le sang parut mauvais, sans que les médecins disent en quoi ils le trouvent mauvais. Puis survinrent des vomissements noirâtres. Etait-ce du sang? Etait-ce du chocolat? Les avis étaient partagés. Le lendemain, nouvelle saignée au pied, vin émétique et manne. La nuit fut mauvaise ; nouvelle saignée au pied le matin ; vomissements dans la journée ; saignée du bras le soir. En somme les médecins ne savaient plus ni ce qu'ils faisaient, ni ce qu'il fallait faire. On prescrivit contre les vomissements l'eau de Rabel qui fut sans effet. Les médecins supposèrent qu'il y avait une veine rompue dans l'estomac. Le duc de Berry mourut le vendredi 4 mai 1714, à quatre heures du matin.

L'idée du poison revint à l'esprit de tout l'entourage pendant cette courte maladie. Mais ici se se présente un antécédent qui jette quelque jour sur cette fin prématurée.

Le duc de Berry, étant en chasse huit jours auparavant, avait fait une chute dans laquelle l'épigastre avait été violemment frappé contre le pommeau de la selle. Il avait eu quelques crachements de sang. C'est là un fait qui a une importance considérable. Le duc n'avait osé l'avouer au roi et les médecins n'en furent pas informés. C'est à son confesseur le P. Larue que le duc de Berry avait confié cet accident.

L'ASSASSINAT
DU
DUC DE BERRY

Le dimanche 13 février 1820, par exception et à cause des fêtes du carnaval, on donnait à l'Académie royale de musique : *le Carnaval de Venise*, *le Rossignol*, *les Noces de Gamache*.

Le duc et la duchesse de Berry y assistaient. Vers onze heures, la duchesse fatiguée se retirait; le duc, désirant voir le ballet, reconduisit la duchesse à sa voiture qui l'attendait rue Rameau.

Tout à coup le prince se sent saisir violemment en arrière, par le bras et l'épaule gauches, fait un demi-tour et est frappé dans la poitrine, au-dessous du sein droit, d'un coup de poignard que le meurtrier laissa dans la plaie.

Le blessé retira lui-même le poignard ; le sang jaillit. Le prince s'affaissa, eut une syncope et fut reporté tout ensanglanté dans le petit salon attenant à sa loge.

Pendant ce temps l'assassin avait pris la fuite et fut arrêté au coin de la rue Colbert, par J.- B. Desbiez, chasseur à la quatrième compagnie, avec l'aide de Pommier, garçon de café.

Le meurtrier était Louis-Pierre Louvel, âgé de trente-six ans, ouvrier sellier.

Dausse et Tartra, médecins de service de l'Opéra, étaient absents. On manda de suite des médecins dans tout le voisinage. Drogart, qui demeurait rue du Hasard, arriva le premier vers 11 heures et demie ; il trouva le blessé inondé de sang, le visage pâle, les yeux levés en haut. Il constata que la blessure avait un pouce de largeur, qu'elle était fermée par un caillot noirâtre et qu'elle siégeait un peu au-dessous et en arrière du sein droit.

Drogart s'apprêtait à pratiquer une saignée quand arriva Blancheton qui demeurait rue Neuve-des-Petits-Champs, n° 39. En présence de l'état d'oppression du blessé, Blancheton crut à un épanchement dans la plèvre, épanchement considérable, pouvant entraîner promptement la mort. Pour prévenir cette terminaison fatale, il pensa qu'il fallait donner issue au sang, détacha le caillot, et agrandit légèrement la plaie à la partie inférieure. Il en sortit un peu de sang noir. Ce n'était pas assez, au gré de Blancheton ; les deux médecins, pour empêcher l'hémorragie pleurale, malgré la faiblesse du pouls, reconnurent la nécessité de la saignée.

Drogart la pratiqua; il ne s'écoula que peu de sang. Lacroix-Lacombe, qui demeurait rue Chabanais, n° 10, arriva sur ces entrefaites; on lui confia l'autre bras, il ne fut pas plus heureux. On tenta une saignée du pied.

Les docteurs Thérin, Bougon, Fournier survinrent presque en même temps. L'oppression augmentait : la saignée avait été pratiquée sans succès; on songea alors aux ventouses. Mais on n'avait pas les appareils nécessaires. Bougon, n'écoutant que son zèle, a suppléé aux ventouses par la succion.... C'est alors que le blessé dit à Bougon : « Que faites-vous là, docteur? Le poignard est peut-être empoisonné.... » (1). Mais la succion n'avait fourni que très peu de sang; on appliqua des ven-

(1) *Archives nationales.* Section judiciaire; procès Louvel, 46e pièce, p. 3, en marge.

— *Roullet.* Récit historique des événements qui se sont passés dans l'administration de l'Opéra, la nuit du 13 février 1820; Paris, Didot, in-8, 64 p. — *Moni-*

touses qui en donnèrent davantage : c'était un sang noir et épais.

La respiration devint meilleure, le pouls se releva un peu. Le blessé fut transporté dans une salle plus vaste. De nouvelles ventouses furent appliquées.

On avait appelé Dupuytren qui arriva vers une heure du matin. Il examina d'abord le poignard, qui était long de six pouces, à lame plate, aiguë à la pointe, et tranchante sur les côtés, puis il entra près du prince. Laissons la parole au chirurgien. « Au palper, le cœur était imperceptible; le pouls, petit, faible; le côté gauche de la poitrine était sonore à la percussion, mais le côté droit, qui répondait à la blessure, offrait autour de celle-ci un large soulèvement de la peau, accompagné de fluc-

---

teur, 14 février 1820. — *Hapdé*, relation historique... des événements funèbres de la nuit du 13 février 1820; Paris, in-8.

tuation produite par du sang et il rendait un son mat, obscur et tel que celui que rendrait la cuisse si on la frappait. » Le prince n'ayant jamais eu de pleurésie, Dupuytren conclut à l'épanchement sanguin.

Mais d'où provenait ce sang? Était-ce d'une artère intercostale? La blessure d'une artère aurait donné issue à un sang rouge. Était-ce du poumon? Il n'y avait ni emphysème, ni expectoration, signes certains, mais non essentiels d'une lésion du poumon. Était-ce du cœur ou d'un des gros vaisseaux? L'instrument avait pénétré peut-être profondément ; la blessure avait donné lieu à des syncopes, le pouls était misérable, le sang était toujours noir. Dupuytren pensa qu'un des gros troncs veineux de la poitrine avait été blessé, tout en reconnaissant que, dans une blessure ordinaire, le séjour du sang dans la poitrine pouvait donner lieu aux mêmes phénomènes.

Que faire alors? Quatre partis se présentaient :

Fallait-il fermer la plaie? Ce n'était pas possible en présence d'une hémorrhagie aussi abondante.

Fallait-il se borner à l'expectation? Mais cela ne donnait aucun espoir.

Fallait-il continuer le même traitement? C'était admissible, mais bien insuffisant.

Fallait-il chercher à mettre un terme à l'épanchement ou au moins évacuer le sang épanché dans la plèvre? C'était, selon Dupuytren, ce qui donnerait le plus de chances. D'après lui « une artère intercostale divisée par le poignard pouvait être la cause de l'épanchement et dans ce cas on pouvait attaquer le mal dans sa source; si on n'arrivait pas à cette découverte, du moins on pouvait, en débarrassant la poitrine d'une plus ou moins grande quantité du sang épanché, apporter quelque soulagement au prince ; donner au temps, à la nature, à l'art, les moyens d'opposer au mal une résistance plus efficace... Si l'écoulement de sang épanché semblait affaiblir (le blessé) plutôt que de le soulager, on pouvait, en fermant aussitôt la plaie, arrêter cet écoulement et remettre les choses dans leur premier état. »(1).

Ces considérations développées dans une consultation avec tous les médecins présents furent unanimement acceptées.

« Une incision fut faite à la peau, et le doigt dirigé suivant le trajet de la plaie arriva par elle jusqu'à l'ouverture que le poignard avait faite aux muscles qui remplissent les espaces intercostaux.... Cette opération avait confirmé l'existence d'un épanchement sanguin, mais elle n'avait pas fait découvrir d'où le sang était parti.... L'ouverture de la plaie n'eut pas plus

---

(1) *Dupuytren*. Déposition faite le 25 mars 1820, à la chambre des Pairs. Didot, in-8, Pièce.

tôt été agrandie, qu'il s'écoula au dehors une assez grande quantité de sang noir..., la respiration parut plus facile et moins douloureuse. Il ne pénétra et il ne sortit pas un atome d'air par la blessure faite à la poitrine. »

Baron, Roux, Antoine Dubois arrivèrent vers deux heures du matin. On fut d'avis de laisser le blessé en repos, de lui donner une position déclive sur le côté droit pour permettre au sang de sortir.

Une soif vive, des douleurs épigastriques, des vomissements, des selles involontaires vinrent compliquer cet état. A cinq heures du matin le Roi arriva près du Duc : il demanda en latin à Dupuytren ce qu'il pensait du blessé et s'assit au pied du lit. A six heures et demie du matin le blessé expirait, entouré du Roi, du comte d'Artois, de la famille royale et d'un trop nombreux personnel.

Le corps fut reporté au Louvre, déposé

provisoirement dans les appartements du général d'Antichamp, gouverneur du Louvre et le lundi 14, à midi, était rédigé l'acte du décès de Charles Ferdinand d'Artois, DUC DE BERRY, né à Versailles le 24 janvier 1778, fils de Charles-Philippe de France, comte d'Artois, Monsieur, frère du roi, et de Marie-Thérèse de Savoie.

Le lendemain, mardi 15 février, après que Louvel eut été mis en présence du cadavre, l'autopsie fut pratiquée avec le cérémonial habituel. Quatre valets de chambre du prince l'enlevèrent du lit de parade et le transportèrent dans une salle voisine où se trouvaient les dix-neuf médecins suivants : Portal, Dupuytren, Dubois, Distel, Alibert, Fournier, Lucas, Guérin, Bruslé, Baron, Roux, Thérin, Hallé, Lacroix, Regnault, Bougon, Drogart, Blancheton et Aubin, le procureur du Roi, un juge d'instruction, et le greffier, etc., etc.

Pendant que Dupuytren et Roux pratiquaient l'ouverture du cadavre, Baron (1) prenait minutieusement les notes pour la rédaction du procès-verbal, constatant :

« Une plaie de deux pouces de longueur, ayant ses commissures en haut et en bas, à la partie latérale supérieure droite de la poitrine, dans l'intervalle de la cinquième à la sixième côte ;

« Sous les téguments de la poitrine et dans le tissu cellulaire sous-cutané et intermusculaire, une infiltration sanguine de plusieurs pouces d'étendue en circonférence ;

« Une division dans les muscles du cinquième espace intercostal droit, à deux pouces en arrière de l'union du cartilage avec la portion osseuse des deux côtes correspondantes ;

---

(1) *Bib. Fac. de méd. de Paris;* Mél. hist. méd., t. IX, n° 17.

« Dans la cavité de la poitrine, le poumon droit traversé de part en part ;

« Le péricarde traversé à sa partie droite et inférieure près de son union avec le diaphragme ; sa cavité contenait environ une once et demie de sang, en partie liquide et en partie coagulé ;

« A l'oreillette droite du cœur, une ouverture en deux points opposés, l'un près de l'insertion de la veine cave inférieure, l'autre vis-à-vis de la première.

« Au diaphragme, une plaie étroite occupant son centre aponévrotique ; à la gauche de l'ouverture qui livre passage à la veine cave inférieure, le péritoine qui tapisse ce muscle intérieurement n'était point lésé ;

« Toutes ces plaies situées sur une ligne oblique de droite à gauche, de haut en bas et d'avant en arrière ; dans la cavité de la poitrine deux livres à peu près de sang en partie coagulé, en partie liquide ;

« Lesquelles lésions nous estimons, sans aucun doute, avoir causé les accidents éprouvés par le prince et la mort qui les a terminés ;

« Un poignard ayant une lame plate et longue de six pouces, une pointe très-aiguë et deux bords tranchants nous ayant été représenté, comme ayant servi à commettre le crime, nous l'avons introduit dans les plaies ci-dessus relatées ; nous avons trouvé que ces dernières avaient des formes et des dimensions qui sont en rapport avec les formes et les dimensions de ce poignard (1). »

L'autopsie, commencée à deux heures de l'après-midi, fut terminée à sept heures du soir.

On a beaucoup parlé d'une prétendue anomalie des organes pulmonaires observée chez le duc de Berry, ce qui aurait été la cause de la prolongation de la vie du blessé. Il n'en est

(1) *Arch. nationales* section judiciaire, 46° pièce du procès.

fait nulle mention dans le procès-verbal d'autopsie.

Le cœur fut séparé et mis dans une boîte de plomb pour être transporté à Lille ; le corps fut déposé dans un cercueil portant cette inscription : « Ici est le corps de très-haut et très-
« puissant prince Charles-Ferdinand d'Artois,
« duc de Berry, fils de France, mort à Paris,
« le XIV février MDCCCXX, âgé de XLII ans
« et XX jours, victime d'un attentat commis
« la veille sur sa personne. »

On lui fit à Saint-Denis des funérailles princières. Le duc d'Orléans, qui fut plus tard le roi Louis-Philippe, y représenta le roi Louis XVIII, et conduisit le deuil.

Le traitement institué par Dupuytren ne fut pas à l'abri de la critique. Un octogénaire, membre de l'ancienne Académie de chirurgie, Louis-Antoine Valentin, qui avait été reçu maître en chirurgie le 26 février 1763, s'éleva le premier contre le chirurgien de l'Hôtel-Dieu et protesta contre le traitement et contre le procès-verbal d'autopsie, « signé de dix-neuf docteurs supposés anatomistes » (1). Valentin rappela son *Mémoire sur les plaies de poitrine avec épanchement*, travail qu'il avait lu à l'Académie de chirurgie en 1771 ou 1772 et qui est publié dans ses *Recherches critiques sur la chirurgie moderne* (2).

Pour lui l'oreillette droite n'avait pas été traversée, car si cette lésion eût existé, la mort eût été rapide et ne serait pas survenue au bout de sept heures. Si le cœur eût été blessé, la quantité de sang épanché eût dépassé deux livres. D'après Valentin, c'est le sang épanché

(1) *Valentin*. Obs. sur les rapports de MM. les docteurs en médecine, etc. Paris 1820. in-8°. — *Forestier*, Un mot sur les deux procès-verbaux dressés après la mort de S. A. R. Monseigneur le duc de Berry. Paris, 1820, in-8°.

(2) Amsterdam, 1772. in-12.

qui a déterminé la mort, il fallait donc donner issue à ce sang ; il fallait pratiquer l'empyème au lieu d'élection ; il fallait pratiquer de nouvelles saignées.

Valentin ne paraissait pas d'un commerce bien commode ; il avait eu des luttes très vives jadis avec Louis. Il était un grand ami de Distel, premier chirurgien du Roi, et n'aimait pas Dupuytren. Son pamphlet contre Dupuytren fut le *telum imbelle sine ictu* du vieux Priam.

Forestier fut moins acerbe que Valentin. Il regrettait qu'on n'eût pas insisté sur les saignées, qu'on n'eût pas appliqué de ligatures aux membres.

Sous le rapport médical, ce qui frappa le plus le public ce fut la succion pratiquée par Bougon. Comme toujours, les faits grandissent dans son imagination. Que le duc de Berry ait prononcé cette parole : « Le poignard est peut-être empoisonné » nous n'avons rien à y voir ;

mais assurément ce ne fut pas cette pensée qui engagea Bougon à sucer la plaie. Ce procédé est bien ancien et il était connu du vulgaire, ainsi que le rapportent Dionis, De La Motte, Larrey. Bougon ne courait aucun danger en appliquant sa bouche sur la plaie du prince. Ne voyons-nous pas souvent, dans des circonstances plus redoutables, sur un théâtre plus modeste, dans des salles d'hôpital, des médecins, des élèves appliquer leurs lèvres sur un larynx trachéotomisé ? Le nom de Bougon devint populaire, et plus tard, après l'exécution capitale des quatre malheureux sergents de La Rochelle, dans le procès desquels avait siégé un médecin comme juré, on lisait dans une satire contre notre profession ce vers mnémotechnique :

Bougon suça le sang, P.... le fit couler.

Le prince est mort dans les conditions les plus déplorables. Il eût fallu de l'air, un repos, un calme absolus ; il y avait, au contraire, plus de vingt personnes dans la pièce où il gisait. Dupuytren, quoiqu'ait écrit Valentin, s'est montré à la hauteur de sa grande situation. Il n'y avait rien à faire, ainsi que l'a prouvé l'autopsie. Cependant il y avait quelque chose à tenter, c'est ce qu'a fait Dupuytren.

Dans sa thèse d'agrégation *Sur les plaies du cœur*, en 1857, Jamain résume ainsi le traitement à prescrire en pareil cas : = atmosphère froide, réfrigérants sur le cœur, saignées répétées (elles diminuent la tension qui s'exerce dans le système vasculaire et la force d'impulsion du cœur, ce qui permet au caillot de se former), digitale en poudre, immobilité, pas d'efforts, ni d'émotions ; lavements laxatifs ; pas de débridements, à moins de suffocation imminente (p. 95 et suiv.).

Benjamin Anger, dans sa thèse d'agrégation, en 1866, *Sur les plaies pénétrantes de poitrine,* cite quatre exemples de plaies du cœur (p. 20), parmi lesquelles il indique celle relative au duc de Berry. Selon lui, « l'épanchement sanguin dans la plèvre est un événement heureux ; c'est par la compression de l'hémorrhagie interne et la coagulation du sang épanché que peut être seulement arrêtée une hémorrhagie profonde dans les cas où le vaisseau coupé est trop gros pour qu'il se ferme spontanément. Cependant l'épanchement sanguin peut entraîner des accidents graves, asphyxie et syncope, asphyxie surtout. »

Alors le cas est bien embarrassant. Si l'on enlève le sang, l'hémorrhagie peut recommencer ; si on laisse persister l'épanchement pleural, une suffocation mortelle peut en être la conséquence.

Dans le cas du duc de Berry, Dupuytren s'est demandé d'abord si le sang venait des parois thoraciques. C'est dans cette pensée qu'il crut devoir agrandir les lèvres de la plaie pour faire une ligature, en cas d'artère lésée et pour vider la plèvre. Y avait-il l'indication de la thoracentèse, comme le prétendait Valentin ? Cette pratique est blâmée par tous les chirurgiens.

On ne pouvait rester les bras croisés en présence de cette grave blessure, de cette immense douleur et de ce grand blessé. L'abstention eût été blâmée; eût-elle été blâmable ?

Le 7 juin 1820, Louvel montait sur l'échafaud, bien que sa grâce eût été implorée par le blessé lui-même une heure avant d'expirer. « Nous en reparlerons » lui répondit Louis XVIII.

Le 27 décembre 1820, Bougon était compris dans la première promotion des membres de l'Académie de médecine. Trois ans après, le 2 février 1823, quand la Faculté de médecine fut reconstituée après sa dissolution (21 novembre 1822), il reçut une nouvelle récompense de son dévouement au duc de Berry ; c'est alors qu'il fut nommé professeur de clinique chirurgicale à l'hôpital Saint-Côme, qui s'appela aussi Hôpital de Perfectionnement et en dernier lieu Hôpital des cliniques.

L'Opéra occupait alors l'emplacement situé entre les rues Richelieu, Rameau, Louvois et Lulli. A la suite de l'assassinat du duc de Berry, on démolit cet établissement pour élever à sa place un monument expiatoire. Les travaux étaient commencés quand éclata la Révolution de juillet 1830. Le nouveau gouvernement fit jeter bas tous ces travaux, et, au lieu d'un monument funèbre, il ordonna la création d'un jardin au milieu duquel s'élève une des élégantes fontaines de Paris. C'est aujourd'hui la place Louvois.

LE COMTE DE CHAMBORD

Henri-Charles-Ferdinand-Dieudonné d'Artois, duc de Bordeaux, comte de Chambord est né à Paris, au Palais des Tuileries, le 29 septembre 1820 (1). Il était fils du duc de Berry, assassiné le 13 février 1820 et de Caroline, princesse des Deux Siciles.

Il quitta la France pour suivre sa famille en exil en 1830.

Le 16 novembre 1846, il épousa à Graetz Marie-Thérèse-Béatrice-Gaétane, fille aînée du duc de Modène et il alla se fixer au château de Frohsdorf, bourg situé à 46 kilomètres à l'est

(1) Acte de naissance dans le *Moniteur*, 30 sept. 1820.

de Vienne, sur les frontières de la Hongrie, près de Neustadt.

Ce mariage fut stérile.

Depuis deux ou trois ans, la santé du comte de Chambord déclinait. Jusque-là elle avait été excellente. C'est à l'âge de vingt et un ans que, dans une chasse, à la suite d'une chute de cheval, le prince eut une fracture du col du fémur gauche, qui avait laissé un certain raccourcissement. (28 juillet 1841.)

Ayant un embonpoint considérable, le prince s'était soumis au système de Banting dans toute sa rigueur et avait perdu près de 25 kilogr. de son poids. Quelques troubles digestifs en avaient été la conséquence.

En juin 1882, il était venu à Marienbad pour suivre un nouveau traitement anti-obésique et pour se débarrasser d'accidents rhumatismaux.

Le 22 mars 1883, étant à Göritz, il éprouva

en montant en voiture une douleur très vive dans la partie supérieure et externe de la jambe droite, douleur qu'on appela ou coup de fouet ou bien phlébite et qui nécessita le repos au lit, et amena une diminution de l'appétit. En même temps il éprouva quelques chocs du côté du cœur, sans avoir ressenti de véritables palpitations.

Le 20 mai, il retourna à Frohsdorf. Il pesait 104 kilogrammes.

Le 13 juin 1883, après avoir mangé des fraises qui commençaient à se gâter, il eut un peu d'indigestion et des vomissements. Il se remit le 15 et, le 16, apparurent de nouveaux troubles digestifs, avec un flux hémorrhoïdaire assez abondant. L'appétit se perdit et des douleurs abdominales se manifestèrent, qui allèrent en augmentant. Le malade parut accablé, son facies s'altéra.

Le 19 juin, le docteur Théodore Mayr, médecin de l'hôpital de Neustadt, vit le malade et on constata que depuis le 20 mai il avait maigri de dix kilogrammes. La diarrhée ne s'était pas reproduite, mais les vomissements étaient fréquents; l'ingestion des liquides de même que la pression stomacale donnaient lieu à de la douleur vive. Vers le 25 juin, le docteur Mayr crut reconnaître l'existence d'une tumeur résistante à la région épigastrique, à droite de la ligne médiane. Il fit part de ses craintes au comte de Chevigné, qui dirigeait la maison du prince et fit demander en consultation le professeur Drasche, de Vienne.

La consultation eut lieu le 27 juin ; les deux médecins furent d'accord sur la probabilité d'une tumeur dans la région de l'estomac et ils firent demander le professeur Billroth, qui vit le malade le 29. On hésita entre les trois maladies suivantes : affection du foie, — gastrite de nature goutteuse, — cancer de l'estomac. Toutefois on pencha pour la dernière hypothèse.

Les douleurs étaient vives, intolérables, les vomissements fréquents, contenant des mucosités jointes aux matières ingérées, mais pas de sang. La tumeur avait disparu, mais l'état empirait, le facies était devenu hippocratique.

Vers le 5 ou le 6 juillet, les douleurs devinrent moins vives, les vomissements moins fréquents; certains aliments froids ou glacés furent tolérés. On prescrivit des lavements nutritifs; mais les vomissements reparurent plusieurs fois dans les vingt-quatre heures; le sommeil devint nul et l'amaigrissement considérable.

On fit alors demander un médecin français. Le professeur Vulpian fut désigné.

Vulpian partit le 13 juillet directement pour Frohsdorf et vit le malade dès son arrivée.

Il avait maigri, était extrêmement faible, ne pouvait faire que quelques pas à la condition d'être soutenu par deux aides. « La bouche, dit Vulpian, était sèche et il était tourmenté par une soif assez vive ; la langue était revêtue d'un mince enduit blanc jaunâtre ; sur la pointe et les bords, elle était rouge, comme l'était d'ailleurs la membrane muqueuse de tous les points de la cavité buccale. La déglutition se faisait bien, mais avec une sensation pénible, due sans doute à la sécheresse et à une légère irritation de la membrane muqueuse de l'isthme du gosier.

« Les parois du thorax et celles de l'abdomen étaient encore très épaisses. On ne voyait aucune saillie des parois du ventre au niveau de l'épigastre. Le malade me désigna la région qui avait été si douloureuse quelques jours auparavant. J'y mis la main et en l'appuyant un peu, je sentis aussitôt une tuméfaction profonde, assez large au niveau de laquelle une pression tant soit peu forte provoquait de la douleur. Une palpation un peu plus attentive ne me laissa aucun doute sur l'existence d'une tumeur mal limitée, siégeant dans la région épigastrique, à droite de la ligne médiane, ayant au moins l'étendue de la moitié de la paume de la main. L'idée d'un néoplasme de l'estomac se présenta aussitôt à mon esprit (1). »

Vulpian revit le malade avec les docteurs Drasche et Mayr et il fut convenu qu'on ferait le lavage de la bouche, où il existait un peu de muguet, avec la solution boratée.

L'avis de Vulpian fut que la maladie était un cancer de l'estomac, diagnostic extrêmement probable, maladie qui avait enlevé le duc d'Angoulême, oncle du comte de Chambord.

Il y eut un semblant d'amélioration; puis les vomissements reparurent, l'amaigrissement continuait. Le lundi 20 août, la faiblesse était extrême ; le malade parlait à peine ; une agonie

(1) Vulpian, *La mort du Comte de Chambord*. — Gaz. des hôpitaux 1883, n° 109 et suiv.

tranquille avait duré toute la nuit et le malade succombait à sept heures vingt minutes du matin le 24 août 1883, âgé de soixante-trois ans.

Le prince avait exprimé à plusieurs reprises la volonté que son autopsie ne fût pas faite. On s'y conforma et on n'examina que les parties mises à nu pour l'embaumement qui eut lieu le dimanche 26 août, cinquante heures après la mort. On put voir que « la tumeur était constituée par le mésentère très épaissi, très chargé de graisse dans cette région, sur une étendue grande comme la paume de la main. M. Kundrat (1) pratiqua plusieurs incisions sur cette partie du mésentère ; ces incisions mirent à découvert, en les traversant, un assez grand nombre de ganglions lymphatiques hypertrophiés... »

(1) Professeur d'anatomie pathologique à l'Université de Vienne.

Vulpian termine son long mémoire par la conclusion suivante :

« En résumé, la maladie de M. le comte de Chambord a été caractérisée : au point de vue anatomique par des altérations de la membrane muqueuse de l'estomac et surtout de la membrane muqueuse de l'œsophage ; au point de vue clinique, par un ensemble de symptômes qui devait inévitablement faire admettre, tout au moins, comme très vraisemblable, l'existence d'un cancer de l'estomac. »

En lui s'est éteinte la branche aînée des Bourbons, qui a fourni sept rois à la France, depuis Henri IV jusqu'à Charles X.

CONCLUSION

Après des soubresauts divers la branche directe des Bourbons s'arrête à Henri-Charles-Dieudonné, duc de Bordeaux, mort en exil le 24 août 1883, sous le nom de comte de Chambord.

La branche illégitime de Louis XIV qui était constituée par treize enfants naturels et légitimés issus de la duchesse de la Vallière (4), de la marquise de Montespan (8) et de Mademoiselle de Fontange (1) est complètement éteinte.

La branche des Bourbons-Condé se termine tristement et mystérieusement dans les fossés de Vincennes et au crochet d'une espagnolette, le 27 août 1830, à Saint-Leu.

Les chefs des branches des Bourbons-Orléans

et des Napoléons sont en exil sur la terre étrangère.

A part Louis XVIII qui est mort sur le trône, la mort de Louis XVI sur l'échafaud, celle de Louis XVII dans la prison du Temple, celles de Napoléon I, de Napoléon II, de Charles X, de Louis-Philippe et de Napoléon III sur la terre étrangère, sont de terribles enseignements et nous rappellent involontairement les paroles du psalmiste : *Et nunc, reges, intelligite.*

Il nous a semblé assez curieux de rechercher quelle a été la durée de la vie moyenne des 37 souverains qui ont présidé aux destinées de la France depuis Hugues Capet jusqu'à Napoléon III, c'est-à-dire pendant 883 ans, car nous ne pouvons compter ni Louis XVII, ni Napoléon II, ni Napoléon IV qui n'ont régné que dans le cœur de leurs partisans et n'ont jamais défraîchi le velours du trône.

CONCLUSION

Quatre branches ont régné sur la France :

1º La branche aînée des Capétiens, de 987 à 1327.
2º La branche des Valois........, de 1327 à 1589.
3º La branche des Bourbons......, de 1589 à 1848.
4º La branche des Napoléons....., de 1804 à 1870.

Nous laissons de côté les interruptions du règne qui n'intéressent nullement la question.

Branche aînée des Capétiens.

Hugues Capet,	mort le	24 octobre	996,	à l'âge de 57 ans.
Robert-le-Pieux	—	20 juillet	1031,	—	61 —
Henri Iᵉʳ,	—	4 août	1060,	—	55 —
Philippe 1ᵉʳ,	—	29 juillet	1108,	—	55 —
Louis XI, le Gros,	—	1ᵉʳ août	1137,	—	56 —
Louis VII le Jeune,	—	18 septem.	1180,	—	60 —
Philippe-Auguste,	—	14 juillet	1223,	—	48 —
Louis VIII,	—	8 novemb.	1226,	—	39 —
Louis IX,	—	25 août	1270,	—	55 —
Philippe III, le Hardi,	—	5 octobre	1285,	—	40 —
Philippe IV, le Bel,	—	29 novemb.	1314,	—	46 —
Louis X, le Hutin,	—	5 juin	1316,	—	26 —
Philippe V, le Long,	—	3 janvier	1322,	—	28 —
Charles IV,	—	1ᵉʳ février	1327,	—	33 —

Branche des Valois.

Philippe VI, de Valois, mort le	22 août	1350,	à l'âge de	57 ans.
Jean le Bon,	—	8 août	1364,	—	45 —
Charles V, le Sage,	—	16 septem.	1380,	—	43 —
Charles VI,	—	21 octobre	1422,	—	54 —
Charles VII,	—	22 juillet	1461,	—	59 —
Louis XI,	—	30 août	1483,	—	60 —
Charles VIII,	—	7 avril	1498,	—	28 —
Louis XII,	—	1er janvier	1515,	—	53 —
François 1er,	—	21 mars	1547,	—	52 —
Henri II,	—	10 juillet	1559,	—	41 —
François II,	—	5 décemb.	1560,	—	17 —
Charles IX,	—	20 mai	1574,	—	24 —
Henri III,	—	2 août	1589,	—	38 —

551

Branche des Bourbons.

Henri IV,	mort le	14 mai	1610,	à l'âge de 56 ans.
Louis XIII,	—	14 mai	1643,	—	42 —
Louis XIV,	—	1er septem.	1715,	—	77 —
Louis XV,	—	10 mai	1774,	—	64 —
Louis XVI,	—	21 janvier	1793,	—	39 —
Louis XVII,	—	(pour mémoire),		
Louis XVIII,	—	16 septem.	1824,	—	69 —
Charles X,	—	6 novem.	1836,	—	79 —
Louis-Philippe,	—	26 août	1850,	—	77 —

503

CONCLUSION

Branche des Napoléon.

Napoléon 1ᵉʳ,	mort le 5 mai 1821,	à l'âge de	52 ans.
Napoléon II,	— (*pour mémoire*).		
Napoléon III,	— 9 janvier 1873,	—	65 —
			117

Il y a eu 14 Capétiens directs, dont la vie moyenne a été de 47 ans.

Les deux branches des Valois ont fourni 13 rois, dont la vie moyenne a été de 42, 3 ans.

La branche des Bourbons a fourni 8 rois, dont la vie moyenne a été de 62, 8 ans.

La branche des Napoléons a fourni 2 empereurs, dont la vie moyenne a été de 58, 5 ans.

En additionnant l'âge des 37 souverains qui ont régné sur la France, depuis Hugues Capet jusqu'à Napoléon III, (ans et mois compris) on arrive à la moyenne de 50 ans.

TABLE

Avant-propos	v
Les Valois	1
François Ier	3
Henri II	39
François II	49
Charles IX	57
Henri III	87
Les Bourbons	103
Henri IV	105
Louis XIII	119
Louis XIV	159
Louis XV	187

Louis XVI..	201
Louis XVII...	221
Louis XVIII..	243
Charles X..	267
Louis-Philippe.......................................	285
Les Napoléons......................................	291
Napoléon Ier.......................................	293
Napoléon III...	309
Appendice..	329
Le Grand Dauphin....................................	330
La duchesse de Bourgogne............................	335
Le duc de Bourgogne.................................	339
Le duc de Berry.....................................	344
L'assassinat du duc de Berry........................	347
Le comte de Chambord................................	368
Conclusion..	377

Erratum, p. 48, ligne 3, *lisez*, Rasse-Desnoueux.

PETITE BIBLIOTHÈQUE HISTORIQUE ET LITTÉRAIRE

Le Père Lacordaire, par le Duc. DE BROGLIE, Paris, 1888, in-12.. 3 fr. 50

Lettres de France, de VON VIZINE, à sa sœur à Moscou, traduites par une Russe, avec une introduction par le Vicomte Melchior DE VOGÜÉ, de l'Académie française. Paris, 1888, in-12.. 3 fr. 50

Très curieuses observations sur la France de Louis XVI consignées dans la correspondance intime du grand poète comique de la Russie.

Le Poète Fortunat, par CH. NISARD, de l'Institut. Paris, 1890, in-12.. 3 fr. 50

Ce livre, qui fut le dernier travail de M. Ch. Nisard, si connu par tous ses livres d'érudition et de critique, contient en tête une biographie charmante de ce savant si modeste et si bon. Tous ceux qui l'ont connu, et ils sont nombreux, voudront lire cette biographie pleine de détails sur la famille illustre des Nisard qui joua un rôle si considérable dans le monde universitaire. On a ajouté une bibliographie des ouvrages de Ch. Nisard, pleine de détails piquants et que seul un membre de la famille pouvait connaître.

La Journée de Rocroy, par le Duc D'AUMALE. Paris, 1890, in-12.. 3 fr. 50

Cet extrait du grand livre de Monseigneur le Duc d'Aumale, sur l'histoire des Princes de la maison de Condé, renferme l'admirable récit de la bataille de Rocroy. Nul ne détaille avec plus de précision que le Duc d'Aumale les diverses phases d'une bataille : en la lisant on croirait lire le récit d'un témoin oculaire.

La Journée de Fontenoy, par le Duc DE BROGLIE. Paris, 1890, in-12.. 3 fr. 50

Le récit de la bataille de Fontenoy du Duc de Broglie peut prendre place à côté de la bataille de Rocroy de S. A. R. le Duc d'Aumale. L'auteur y égale Voltaire dont il s'est inspiré ; rien n'est plus intéressant et plus instructif que la comparaison des deux récits : elle nous montre à un siècle de distance deux grands esprits portant un jugement analogue sur un des plus beaux faits d'armes de notre histoire.

Discours prononcés par Mgr le Comte DE PARIS, à New-York et à Québec. Paris, 1891, in-12............ 1 fr. 50

De la formation de l'unité française, leçon professée au Collège de France, le 4 décembre 1889, par A. LONGNON, membre de l'Institut. Paris, 1890, in-12........ 1 fr. 50

Souvenirs du Général Marquis DE PIMODAN (1847-1849) avec introduction et des notes par un ancien officier. Paris, 2 vol. in-12 avec portraits et cartes........ 10 fr.

Ces mémoires et souvenirs sont écrits avec un charme des plus grands ; la vive allure militaire de l'auteur, sa simplicité, ses connaissances de la vie viennoise, donnent à ce livre une saveur toute particulière en même temps qu'il est un petit chef-d'œuvre littéraire digne des meilleures pages de J. de Maistre.

Les signes d'infamie au moyen âge, Juifs, Sarrasins, Hérétiques, Lépreux, Cagots, Filles publiques, par U. ROBERT. Paris, 1891, in-16, 12 planches............ 5 fr.

LE MANS. — TYP. EDMOND MONNOYER

www.ingramcontent.com/pod-product-compliance
Lightning Source LLC
Chambersburg PA
CBHW050427170426
43201CB00008B/571